www.cultuspeak.com

Economic News

Taiwan, Saturday, July 1, 2017, $360 • Volume 2, Number 1 • SPECIAL EDITION

經濟100關鍵詞

精選最常用的經濟名詞，讀懂財經新聞不求人！
不教艱澀的理論，而是透過故事培養經濟思維！

聶小晴 著

100個關鍵名詞＝100則有趣的故事 │ 讀懂財經新聞難度＝0
商學院學生×投資理財初學者×對財經新聞有興趣者
這裡有你不容錯過的100堂課！

Absolute advantage

This is the simplest yardstick of economic performance. If one person, firm or country can produce more of something with the same amount of effort and resources, they have an absolute advantage over other producers. Being the best at something does not mean that doing that thing is the best way to use your scarce economic resources. The question of what to specialise in--and how to maximise the benefits from international trade--is best decided according to comparative advantage. Both absolute and comparative advantage may change significantly over time.

Adaptive expectations

A theory of how people form their views about the future that assumes they do so using past trends and the errors in their own earlier predictions. Contrast with rational expectations.

G7, G8, G10, G21, G22, G26

I don't want to belong to any club that will accept me as a member, quipped Groucho Marx. But the world's politicians are desperate to join the economic clubs that are the Group of Seven (G7), G8, G10 and so on. Being a member shows that, economically speaking, your country matters. Alas, beyond making politicians feel good, there has not been much evidence in recent years that they do anything useful, apart from letting government officials and journalists talk to each other about economics and politics, usually in beautiful locations with lots of fine food and drink on hand.

In 1975, six countries, the world's leading capitalist countries, ranked by gdp, were represented in France at the first annual summit meeting: the United States, the UK, Germany, Japan and Italy, as well as the host country. The following year they were joined by Canada and, in 1977, by representatives of the european union, although the group continued to be known as the G7. At the 1989 summit, 15 developing countries were also represented, although this did not give birth to the G22, which was not set up until 1998 and swiftly grew into G26. At the 1991 G7 summit, a meeting was held with the Soviet Union, a practice that continued (with Russia) in later years. In 1998, although it was not one of the world's eight richest countries, Russia became a full member of the G8. Meetings of the IMF are attended by the GIO, which includes 11 countries--the original members of the G7 as well as representatives of Switzerland, Belgium, Sweden and the Netherlands. In 2003, 21 developing countries, representing half of the world's population and two-thirds of its farmers, formed the G21 to lobby for more free trade in [economics-term KEY-"AGRICULTURE"]agriculture[/economics-term].

General Agreement on Tariffs and Trade

Or GATT, the vehicle for promoting international free trade, through a series of rounds of negotiations between the governments of trading countries. The first GATT round began in 1945. The last led to the establishment of the world trade organisation in 1995.

作者序

　　有一戶農民家裡並不富裕，幾畝田地養不活一家人，於是買了一頭母豬。母豬很爭氣，生下了一群小豬。周圍方圓幾公里的農家大部分都從這家農民購買小豬，把豬養大，然後殺來吃。這情況持續了兩年，這家農民因為賣小豬而改善了生活。

　　天下的好事總有人跟，其他農民看這家人賺錢了，也開始養母豬生小豬，再買小豬……結果弄得「豬滿為患」，大家都賺不到錢。最後終於有一批農民不得不殺了母豬，退出養豬市場。

　　這些年，我們身邊頻繁的上演著上述類似的事件，農民一看什麼價格上漲了，就拼命地種植，結果導致產量過剩，最後連賤賣都沒人要，很多農作物最後都爛在田裡了。出現這些問題，都是因為缺乏經濟常識而導致的禍害。

一個人能不能賺到錢，除了個人努力之外，更重要的是要考慮經濟規律，要有經濟頭腦。就像小米創辦人雷軍問一個投資工作者，為什麼她過去做得很成功。這個投資工作者的答覆是，她比任何人都努力，她相信天道酬勤。雷軍最後不認同這個說法。為什麼呢？因為光有努力還遠遠不夠，還得要善於思考，要考慮得比別人深。

　　近幾年來，隨著經濟形勢的日益複雜，一般人對於經濟的關注度高漲。為了幫助那些對經濟學一知半解的人，能更深入地瞭解經濟運作的規律，理解經濟學與日常生活之間的關係，因而創作了這本簡單易讀的經濟學讀物。

　　人生時時刻刻都與經濟發生關係，關鍵是我們有沒有發現經濟學智慧的眼光。蕭伯納說：「經濟學是一種使人生幸福的藝術。」真正懂得經濟學的人，不是那些將經濟學的公式與模型畫滿黑板，令人眼花撩亂的教授，而一定是懂得用經濟學解釋生活的人。真正懂得生活的人，也一定是能夠用智慧的眼光滲透經濟學的人，並且遊刃有餘地運用在生活中的人。

　　當然，即使你讀了這本書也成不了經濟學家。我也不是經濟學家，充其量只能算是一個愛思考的經濟學愛好者。不過，就像打籃球不一定能成為喬丹，踢足球不一定能成為梅西，成不成為喬丹或梅西並不妨礙你從打籃球、踢足球當中獲得健康的身體一

樣，這本書承擔的使命就是讓你清楚地知道，哪些問題是經濟學所關注的，也是你應該有所了解的常識。

　　本書完全圍繞著經濟學的核心概念進行解讀。概念是基本要素，也是構成經濟學常識的主要內容。對於一般人來說，並不需要系統性地研究專業的經濟學理論，能夠知道一些簡單的經濟學常識，運用一兩個經濟學概念去分析生活周遭的人和事，讓自己活得更聰明一些，就已經很不錯了。

　　本書從經濟學常識、焦點經濟學、怪象經濟學、消費經濟學、社交經濟學、職場經濟學、博弈經濟學、幸福經濟學、理財經濟學等九個面向關鍵詞出發，運用詼諧幽默、簡單明瞭的文字，將高深的經濟學術語和原理娓娓道來，進而運用經濟學原理解釋生活問題。不管是專業人士還是門外漢，看了都能發現經濟學原來如此易懂、有趣，並從中感受到經濟學邏輯所帶來的好處。

　　最後，希望本書所闡述的這些事和常識，能夠進入你的生活和視野。如果能夠點燃你對經濟學的熱情，甚感榮幸。

晶小晴

目錄

Contents

PART 3

怪象經濟學——
不可不理解的經濟學奧妙

PART 4

消費經濟學——
決不輕易上商家的當

PART 5

社交經濟學——
不可忽視的社交大學問點

PART 6

職場經濟學——
用經濟學的思維混職場

PART

7

博弈經濟學——
不能不懂的博弈方法

PART

8

幸福經濟學——
幸福不是命中注定

PART
9

致富要講經濟學——
理財中的經濟學思維

PART

1

推開經濟學之門——
不可不知的經濟學常識

KEYWORDS 1

經濟人

學叡和濟國兩個人是世仇，結果二人卻在同一天死亡去上帝那裡報到。上帝對兩人的關係早有耳聞，不希望他們帶著仇恨進入天堂，所以決定略施小計化解他們的恩怨。

為此，上帝找來了學叡。

上帝：「我可以滿足你兩個願望。」

學叡：「我只要一個願望就可以了。」

上帝：「好的，但是在我滿足你的願望的同時，我也會將你所說的願望雙倍送給你的仇家。」

學叡：「那讓我好好想想吧，我稍後給您答覆。」

（幾分鐘後）

學叡：「上帝，我想好了，我決定下九層地獄，都說十八層地獄是不得超生的 對吧？我下了九層地獄，那他就得要下十八層地獄了。」

上帝很無奈，但話已說出口，也只能說到做到。就這樣，上帝非但沒有化解兩人之間的仇恨，還永遠無法拯救濟國下了十八層地獄的靈魂。

在許願之前，學叡仍沒有原諒濟國，他唯一思考的就是，我

如何才能在對方得不到任何好處的情況下，自己能得到好處，或者至少不比他的境況更壞。於是他做出了這個看起來似乎很荒謬的決定。

這個故事在現實中根本不可能發生，但我們生活的社會的確實存在這樣一群看似「流氓」的人。「流氓」一詞出自著名的經濟學家大衛·李嘉圖（David Ricardo，1772—1823）。他對「流氓」是這樣描述的：「這社會存在著以計算自身利弊的方式為自己謀利的人。而事實上也正是這樣的一群人在推動著社會發展。」

在經濟學裡，把這種「流氓」形象稱為「經濟人」（或稱理性經濟人、經濟人假設）。

經濟人一詞的來源可以追溯到經濟學鼻祖亞當·斯密（Adam Smith,1723－1790）在《國富論》中所闡述的觀點，之後經濟學不斷完善和充實，逐漸將經濟人作為西方經濟學的一個基本假設，即假定人都是利己的，而且在面臨兩種以上的選擇時，總會選擇對自己更有利的方案。亞當·斯密認為，人只要做經濟人就可以了，如此一來，他就好像被一隻無形之手引領，在不知不覺當中對社會盡心盡力。在一般的情況下，一個認為求私利而無心對社會作出貢獻，其實對社會的貢獻才是最大的。

在現實生活中，有很多例子可以用於說明經濟人假設。例如，對於同樣品質的商品，人們會更傾向於選擇價格低的；對於同樣價格的服務，人們會傾向品質較好的。「經濟人」假設是理解人的經濟行為的邏輯起點，能夠幫助我們更清楚地理解各種經濟行為的因果關係。

需要強調的是，「經濟人」只是認識經濟規律的一個工具，並不是要提倡「自私自利」。一些人把「經濟人」這個假設說成主張自私自利，這是一個很大的誤解。「經濟人」假設只是解釋人類經濟行為的一種思維，事實證明這是好的。但它絕對不是對現實社會的完美描述，也不要對它抱過多的期望。

KEYWORDS *2*

商品

　　我們今天所熟知的當鋪，據說是古時一位姓王的囚犯想出來的。他當時因為犯罪被判終身監禁，由於資深，他在獄中可以管一些犯人，於是趁機勒索、賭博，讓輸錢者可以用物品向他抵債。日子長了，王姓囚犯就積蓄了不少錢。此時恰好遇到大赦。他出獄後，就開了一家類似當鋪的小店，店門口寫：「以物貸錢，無論何物均可抵押，物品價值十則押五，坐扣利息，幾個月為期，期限到了不贖回，即變賣物品。」沒想到最後生意蒸蒸日上，漸漸有人仿效，最後發展成為一種行業。

　　據考證，清朝光緒年間，北京的當鋪不過二十家左右，且要得到官方許可，每年按期納稅，才能正常營業。人們在去當鋪典當東西時，會得到一張當票，當票上的字是使用草寫，局外人很難辨識。凡是初入當鋪的學徒，則必須先要學會寫這種字體。

　　對於典當的物品，當鋪會故意低估原物的品質，如新衣必寫「稍舊破孔」；玉器必寫為「贗品」。且所寫之字，皆僅寫一半，如棉寫為「帛」，凡此種伎倆都是為了欺詐前來典當的人。時間久了之後，當鋪曾一度絕跡，但現在又重新茁壯發展起來，且典當物品的種類更加齊全，程序上也更加嚴謹。

人們之所以要去當東西，說明這件東西必定有價值，可以交換。在經濟學裡，將這種既有價值又可以用於交換的勞動產品稱為商品。

商品其實就是用來交換的勞動產品，首先它得是個勞動產品，不是勞動產品必定不是商品。其次，它得用來交換，如果不是用來交換也不能成為商品，例如，在自己院子裡種的白菜，這個白菜只是自己吃，而不是拿去賣，就不能成為商品。商品具有兩種特性：一是有價值；二是有使用價值。價值是商品最原始的屬性，使用價值是商品的自然屬性，一個商品怎麼跟別的商品交換，要看它的價值有多少，兩種商品只有具備相同的價值才能交換，雙方的心理才能平衡，商品是社會發展的產物，也是人們生活的需要。

商品的產生依賴兩種條件：一是社會分工，社會上的勞動者分別從事不同的勞力，只能生產某些或者是單一的產品，但為了滿足多種生活需要，勞動者必須交換各自生產的產品；二是這些產品屬於不同的所有者，如果屬於相同的所有者，即使有勞力分工，也不可能產生交換，也就更不可能出現商品了。 所以，商品既是社會分工的產物，也是私有制的產物。

現在，隨著社會的發展和人們接受度的提升，似乎已經沒有什麼東西不能成為商品並且進入流通領域了。例如，有的商人將

新鮮空氣用先進技術製成「空氣罐頭」進行銷售；美國有人錄製小溪等自然界的聲音，然後高價出售等等，都能夠成為商品。

想必你一定看過或至少聽過前幾年十分熱門的一部電視劇《第八號當鋪》，它與傳統意義上的當鋪不同，在那裡可以典當的不只是金銀珠寶、房屋契約、甚至一個人的四肢、內臟、運氣、機遇、快樂以及靈魂，通通都可以典當，只看你捨不捨得或覺得值不值得。

這也說明，現在商品的涵蓋範圍進一步擴大了，我們似乎也生活在《第八號當鋪》的世界中。雖然有些東西並不是勞動產品，但只要稍加創意，將勞動元素融入進去，並使其進入交換領域，就可以成為「商品」。

不過要說明的是，在這個商品極端富足的世界，我們並不能無限制地消費和買賣，而這應該是根據自己的需要而有所取捨。有形商品也好、無形商品也罷，都應該是為了社會的進步、人類的發展服務才是。

KEYWORDS *3*

稀少性

　　想必你一定聽過晏嬰這個人，大多人稱呼他為平仲，或稱晏子。他是春秋後期的齊國宰相，也是一位重要的思想家、外交家。他的一生生活節儉，謙恭下士，後人冠予其種種美名。然而晏嬰也有人性的負面，「二桃殺三士」就是其真實寫照。

　　當時的齊國是個「武夫當道」的世界，公孫接、田開疆、古冶子是最著名的三名武將，都是憑藉無人能及的大塊頭和不怕死的精神打天下的。然而這樣的三個人卻慘死在晏嬰的手裡。

　　據說有一天，晏子從他們三個人身旁經過，趕緊小步快走以示敬意，但這三個人對晏子表現得非常失禮。對此，晏子產生了恨意，認為他們是因為自己身材矮小而看不起自己，便以三人無「君臣之義，長幼之禮」為由，建議齊景公除掉這三人。晏子巧言善辯，加上其宰相的地位，齊景公認為他說的一定有道理，便交由晏子來處理這件事情。

　　晏子很快就安排了一場飯局，邀請齊景公和三人出席，在三人酒足飯飽，甚至有些意識不清，開始發酒瘋時，晏子提議齊景公將後花園的桃子分給三個人吃。於是差人將桃子端了上來。要說這次報仇行動之所以得逞，功勞就全在這桃子上了，根據史書

記載，桃子在當時被視為是百果之冠，人們把桃子吹捧成一種身份甚至是尊嚴的象徵。

後花園裡的桃子長滿了整個園子，晏子卻只差人拿來四個，並技巧性的讓齊景公吃下一個，接著自己也吃了一個，只剩下兩個桃子，卻要三個人分，怎麼分呢？於是，晏子根據事先的謀劃，說道：「三位都是功臣，不如大家各自說說自己的功勞，誰的功勞大，這桃子就誰吃。」

三位將士都是好面子的人，哪裡容許別人的功勞比自己大，於是各自開始陳述。公孫接以自己陪主公打獵，並且每次都滿載而歸為由拿了一個桃子，田開疆卻不服了，說：「當初秦軍來襲，我奮勇抗敵的時候，你在哪裡？」於是也拿了一個桃子。

古冶子是三個人中最溫文儒雅的一個，他不慌不忙地說起當年隨主公橫渡黃河，途中遇險，自己不顧性命救主公脫險的事情來，公孫接、田開疆突然覺得自己的功勞不如古冶子，卻恬不知恥地拿了桃子，自覺慚愧，便拔劍自刎了，古冶子看到這種情形，覺得為了兩個桃子害死了自己的兩個兄弟也不願苟活，於是也刎頸自盡。就這樣，兩個桃子取了三個將士的性命。

如果當時有足夠的桃子甚至更多，想必晏嬰的計謀也不會成功，他的聰明之處在於他充分運用了「稀少」二字。在經濟學裡，「稀少」描述的是有限的資源。從字面上看，它指的是稀有和短缺。

經濟學中的稀少性是指相對的稀少性，強調的不是資源的數量多寡，而是相對於人類慾望來說，再多的資源和物品也是不足的。一個社會不管有多少資源，總是會有一個量，相對於人們的需求而言，資源總是稀少的，所以我們在生活及工作當中一定要合理的利用稀少資源，另外還要想辦法積極的獲取更多的資源，只有這樣才能不被稀少所束縛。

「稀少性」是人類社會永恆的話題，它不但促成了「二桃殺三士」，也是很多戰爭的催化劑。例如，多年前波灣戰爭爆發的根本原因，就是石油資源的稀少，或是古代各國之間的侵略，客觀上來講也是因為自覺所持有的資源不滿足所造成的。

可以說稀少無處不在，我們能見到的物品、現象都伴隨不同程度的稀少。例如，放假時飯店的床位、好餐廳的座位等。面對這些稀少的東西我們所能做的是，用相對友善的方式去獲得，或者交換：你可以用你錢包裡的貨幣去換取商品，甚至可以多花錢去競標一件自己喜歡的東西，這就是所謂的「競爭」。當然，你也可以和幾個陌生人併桌吃飯，目的只是不想浪費太多的時間，利用「合作」的方式去解決資源的稀少問題。

KEYWORDS *4*
成本

KEYWORDS *5*
收益

在寒帶有一種獵豹，牠體型強健、高大威猛，奔跑速度非常快。不僅如此，牠們似乎還懂得思考，會考慮付出的成本與收益是不是平衡。例如，牠們在追逐一隻野兔的時候，如果追了200米之後還沒有追上，牠們就會選擇放棄不再繼續追逐了，因為牠們心裡明白，即使費了九牛二虎之力追上了兔子，吃掉兔子所產生的能量也遠不及追逐兔子時所消耗的能量，這樣做得不償失，所以牠們不會傻傻得一直追下去。當然，如果不是兔子而是馴鹿，牠們就會改變策略，一直頑強地追下去，因為吃馴鹿產生的能量很高，追得再久也划得來。

獵豹雖然是動物，但頭腦卻很靈活，懂得在成本與收益之間找到一個平衡點，牠們不會做虧本的生意，如果成本大於收益，牠們會選擇放棄，如果收益大於成本，牠們則會義無反顧地追下去，那麼在經濟學裡，到底什麼是成本？什麼是收益呢？

成本是指人們在進行生產經濟活動時所必須消耗的資源，這個資源可能是人力，也可能是物力和財力。簡單來說，成本就是為了達到一定的目的所要付出的代價，天底下沒有免費的午餐，

要實現某種目的，就得付出一定的代價 這個代價就是成本。

而收益是跟成本相對的，你付出一定成本的目的是為了什麼?就是為了收益。例如，你買一顆10元的茶葉蛋，這10元就是人家的收益，你辛辛苦苦上班，領了30,000元的薪資，這30,000元的薪資就是你的收益。在生活中，每個人天天都在忙，忙的過程中都會付出一定的代價，即成本，但是我們也會有一定的收益，否則我們就不會願意去付出了。

從理論上來說，我們每個人都是經濟人，在做任何事情的時候，都要衡量會付出多少成本，和獲得多少收益，當發現收益大於成本的時候，我們就會積極努力地去做，而當發現收益小於成本的時候，我們就不會去做了，因為虧本的買賣誰也不願意做。

愚公移山的故事想必大家都聽過，從經濟學的角度來講，愚公移山絕對不是精明的選擇。你想想看，挖山的成本是子子孫孫無數代的付出，而得到的收益卻是方便了後人通行，顯然付出和收益遠遠不能對等。所以，在經濟學家的眼中，與其吃力不討好地移山，倒不如搬家來得實在。

生活中，我們都在有意無意地計算著成本與收益，如果看不到收益，就不會去做，也就不會投入成本。例如，投資開店，必須先分析好成本和收益，如果成本大於收益，就沒有必要開了，

這種分析方法在經濟學中叫作損益平衡分析。進行損益平衡分析的關鍵是找到損益平衡點──收益與成本相同時的產量。假設開一間蛋糕店，先期投資100萬元（固定成本），每個蛋糕的直接成本（也叫變動成本）為50元（包括材料費、人工成本等），蛋糕的售價為100元，在這種情況下的損益平衡點就是2萬個，即銷售2萬個蛋糕的收益為100萬元，成本也是100萬元（100＋2×100）。當蛋糕銷售超過2萬個，蛋糕店就開始獲利了。

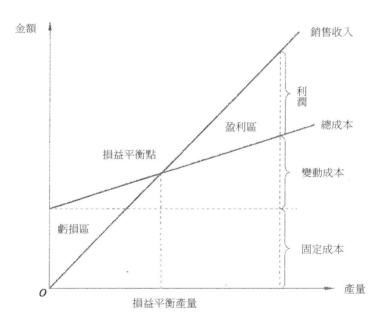

※ 損益平衡分析示意圖

價格

價值

　　有一種羊要幾百萬元，甚至上千萬元，這就是產自新疆的「新疆之寶」刀郎羊，是當地羊與阿富汗瓦格吉爾羊的混血品種。由於樣子奇特，品種又極為稀有，所以一時成了民眾飼養的新寵，一隻種羊最便宜也要價100萬元，最貴的高達5,000萬元。

　　其實像這種天價商品的新聞報導層出不窮，例如，天價酒、天價煙、天價手機等。有一段時間，一瓶茅台酒竟然要賣到100多萬元，一對螃蟹竟然賣到了將近500萬元。為什麼這些東西的價格貴得這麼離譜？是炒作還是另有隱情？要想知道答案，我們就要先來了解一下經濟學上的價格與價值以及它們之間的關係。

　　馬克思（Karl Marx，1818－1883）告訴我們，人類勞動創造商品價值，商品價值由勞動所創造。生產商品所花費的勞動時間越長，價值越大；反之，價值就越小。這裡的勞動時間是指生產某種商品的平均時間，例如，生產一支手機的平均勞動時間是兩個小時，那麼這兩個小時就是生產手機的必要勞動時間，這兩個小時的勞動量就是生產手機的價值。由於技術不斷進步，勞動生產率也在提高，所以生產商品的社會必要勞動時間也在縮短，它的價值也就降低了。

　　那麼價值降低是怎麼表現出來的呢？這就不得不提到價格，價格是價值的貨幣表現，是為商品、服務以及資產所訂立的價值數字，例如，一支中階智慧型手機15,000元，這15,000元就是這支中階智慧型手機價值的貨幣表現。由於技術進步及生產效率提高，生產手機所使用的勞動時間縮短，所以手機的價值也就下降，以前15,000元，現在10,000元就可以買到了。

　　價值決定價格，價格圍繞價值上下波動，價格永遠也不會背離價值，作為消費者一定要精打細算，要從商品的價值去衡量它的價格，不要覺得稀奇就去買，或許花了大錢買回去之後就後悔了，而且它也許並不保值，過些日子降價了，不就花冤枉錢了嗎？

　　當某種商品供不應求時，價格就會高於價值，例如，2016年底的高麗菜價格，每公斤飆漲到近百元。當某種商品供應大於需求時，價格就會低於價值，就像2017年4月以後的高麗菜，每公斤才4塊錢左右。

　　但是供給只能影響價格，決定價格的還是價值，價格永遠會圍繞價值上下波動，不會偏離價值太遠，如果偏離太遠，就是不正常現象，有可能是炒作，也可能是惡性競爭，或者是商家的欺騙行為。當然，如果商品非常稀有，像古董類型的商品，即便價格破億也是正常的。刀郎羊也是因為非常稀少，所以最高可以賣到5,000萬元，但隨著數量的增多，刀郎羊的價格也會越來越低。

KEYWORDS *8*

貨幣

　　去藥妝店買一瓶化妝水，你會掏出幾張或許已經破舊，印著一些數字、符號和頭像的小紙張給店員，然後，你才可以大搖大擺地把化妝水拿走，這些小紙張就是貨幣，具體來說，它是貨幣表現的一種，它可以是硬幣、也可以是紙張、信用卡，甚至是未來可預見的電子支付。

　　其實，在世界上除了我們現在常見的幾種貨幣形式之外，還有我們所不熟悉的一些新奇的貨幣形式，例如，在美拉尼西亞群島（Melanesia），那裡的居民都用狗牙去買東西，一顆狗牙大約可以買100顆椰子，要是娶新娘，就得給對方幾百顆狗牙作為聘金。還有不管是古代，或是在太平洋的某些島嶼和若干非洲民族中，是使用貝殼做交易貨幣的。

　　讓人覺得最有意思的是，在太平洋西部加羅林群島中的雅浦島（Yap），那裡的居民都用石頭去買東西，他們把每一顆石頭叫做一分，石頭樣式是圓形的，中間還有一個圓孔。按照當地的算法，石頭越大價值就越高，甚至有的石頭直徑還大到5米。巨大的石頭貨幣不怕火燒、不怕被盜，也經久耐磨，但缺點也顯而易見，像是攜帶不方便。而買東西，就得把賣方帶到石頭貨幣旁

邊察看成色，然後再講價錢。

那到底什麼是貨幣？貨幣又有什麼特色呢？根據經濟學理論，貨幣是指從商品中分離出來，充當一般等價物的商品。一般等價物，就是可以衡量其它一切商品價值的商品。貨幣的本質就是一般等價物，具有價值量尺、流通手段、支付手段、儲藏手段等功能。簡單來說貨幣就是跟別的商品進行交換的媒介，它可以在市場上流通，也可以被儲藏，還可以被支付。

貨幣發展到現在歷經了好幾千年的歷史。在原始社會，人們通常是以物易物的方式，來換取自己所需要的東西，例如，用一隻羊去換取自己需要用的石斧。隨著時間的流逝，人們發現這樣換來換去太麻煩了，於是就尋找一種雙方都能夠接受的交換物品，這個物品就是最原始的貨幣，例如，貝殼、羽毛、石頭等，都是在這種情形下所產生的貨幣。

後來，人們發現這些貨幣都不易儲存，容易變質，而且用起來也不方便，於是便開始使用金屬貨幣。金屬貨幣最大的優點就是容易儲存，不易變質，用起來也方便，更重要的是它必須經過特殊的鍛造，避免隨意製造貨幣的可能。隨著時代的進步，人們慢慢將金屬貨幣統一重量和顏色，這樣就容易規範了。再過了很久，人們又發現與其用金屬貨幣還是太麻煩，倒不如用紙鈔來得方便，於是紙鈔開始走進一般的生活當中。

實際上，除了實實在在的貨幣，還有一種貨幣叫準貨幣。準貨幣是指能夠執行價值儲藏功能，且易於轉換成交的媒介，但本身還不是交換媒介的資產。例如，股票和債券等金融資產就是準貨幣。你可以把它們當作為自己的資產或者隨時轉化為貨幣，但卻不能用它們去購買商品和服務。

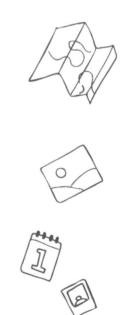

KEYWORDS *9*
均衡

　　在寒冷的北極地區也有溫暖如春的時候，在這期間會有大量的蚊蟲出沒，然而當地的印地安人卻對這些蚊蟲十分仁慈，不會去消滅牠們。原來當地有一種馴鹿，是印地安人主要的肉食來源，天氣暖和的時候，大批馴鹿便會自發成群結隊地向低緯度地區遷移，因為那裡有大量水草。如果沒有人趕，牠們是不願意在嚴寒到來之前準時回來的，且靠人力驅趕也無濟於事。這時，平日裡煩人蚊蟲的巨大威力便顯現出來了。

　　天氣一冷，這些蚊蟲便會飛到暖和的低緯度地區，自然就會與馴鹿不期而遇。吸食血液的蚊蟲是馴鹿無法抵禦的天敵，無處躲藏，且更前方的氣候也還不適合生存，於是馴鹿就只能往回跑，這一跑就進到印地安人事先設計好的陷阱。聰明的印地安人正是掌握了自然界物種相剋的定律，才能在忍受一時的痛苦中獲得食物和生存保障。這也是人們利用生態平衡來達到利益最大化的典型例子。

　　面對蚊蟲的困擾以及食物的來源，印地安人做出了明智的選擇，他們利用生物之間的習性來達成自己的利益。倘若印地安人耐不住蚊蟲的騷擾而消滅了這些蚊蟲，那便破壞了生態平衡，馴

鹿也就不會回來了。

人類對蚊蟲的態度，蚊蟲對馴鹿的影響，馴鹿對人類的意義，三者之間相互作用達到了一種生態的平衡。在經濟學的世界裡，同樣存在這樣的規則。例如，商品的數量和質量決定了人們對它的需求，而人們的需求又改變商品的價格和商品所帶來的利潤；同時，商品的價格和利潤又在左右製造者的經濟動向，而這種經濟動向又直接影響商品的數量和質量。均衡就存在於這樣的一個循環體系當中。

均衡是從物理學中引進的概念。在物理學的理論中，均衡的意思是：同一物體同時受到幾個方向不同的外力作用而合力為零時，該物體將處於靜止或均速運動的狀態。將均衡這個概念引入經濟學中的是英國經濟學家馬歇爾（Alfred Marshall，1842－1924），用來描述經濟生活中的各種對立、變動的力量，處於一種力量相當、相對靜止不再變動的境界。

經濟學中的均衡指的是一種相對靜止的狀態：經濟行為人認為調整的決策（如調整價格、質量）已不可能增加任何好處，從而不再有改變行為的傾向，或兩種相反的力量勢均力敵，使力量所作用的事物不再發生變化。前者如消費者均衡、生產者均衡；後者如均衡價格、均衡質量。

　　以均衡價格為例，它是指一種商品需求量與供給量相等時的價格。當實現了市場供需均衡時，該商品的需求價格與供給價格相等，稱為均衡價格。該商品的成交量（需求與供給量）相等，稱為均衡數量。在市場上，由於供給和需求力量的相互作用，市場價格趨向於均衡價格。如果市場價格高於均衡價格，那麼商家就會生產更多的產品，從而導致供給大於需求，那市場價格就會下滑，直至回到均衡價格。反之，如果市場價格低於均衡價格，那麼消費者就會購買更多的產品，導致供不應求，市場價格就會上升直至回到均衡價格。無論是供大於求，還是供不應求，都不會長久存在，充分的市場競爭會使市場價格穩定成均衡價格。

KEYWORDS *10*
公平

KEYWORDS *11*
效率

有這樣一個故事，七個人在一起生活，他們之中的每個人都是平凡且平等的，雖然他們沒有害人之心，但每個人都有著那麼些許的自私。他們每天都要一起喝一鍋粥，但是在分食的時候，卻沒有計量的用具。為了大家都可以公平合理地喝到粥，七個人試驗了很多種方法，其中的主要方法是這樣的。

方法一：只讓一個人負責給大家分粥。可是大家很快就發現，這個人總是給自己分的粥最多，於是就換了另外一個人，但結果還是跟以前那個人一樣，給自己的粥總是最多的。

方法二：大家輪流為每個人分粥，每人一天。這樣做就算默許了個人有為自己多分粥的權力，但這樣看來算是平等了。不過新的問題是，每個人在七天中只有一天可以填飽肚子，其他六天都得挨餓。

方法三：大家推舉一個值得信任的人來為大家分粥。剛開始的時候，這位品德高尚的人還能保持公平，但是時間久了他就開始給自己多分點粥了。

方法四：分別成立分粥委員會和監督委員會，形成監督和制約。這樣做公平基本上實現了，可是由於監督委員會常提出多

種議案，分粥委員會又據理力爭，等這些問題解決了，粥早就涼了。

方法五：每個人輪流值日分粥，但是分粥的那個人必須要最後一個領粥。令人驚奇的是，在這個制度下，七碗裡的粥每次都是一樣多，就像用科學儀器量過一樣，因為每個分粥的人都意識到，如果七碗粥的份量不相同，他就只能拿到最少的那份。

上面這個故事看似無稽之談，但卻述說了一個問題，那就是關於經濟學中的「哥德巴赫猜想」（Goldbach's conjecture）——效率與公平的對立關係。

對於「公平」的定義，經濟學界並無定論，大致上有兩種解釋，第一種解釋是「平均分配」。例如，一個城市嚴重缺水，必須限制用水量大戶，以讓所有人都還能有水可用；發生洪水天災時，救災食物會平均分發給每個人。第二種解釋是「機會均等」，例如，大學入學考試，機會給所有參加考試的人都是均等的，差別只是成績的結果。

相對於「公平」的不同解釋，經濟學家們對「效率」的解釋是比較一致的，效率是指資源投入和生產產出的比率，差距越大效率就越高。經濟學家薩繆森（Paul Anthony Samuelson，1915－2009）曾提出：「效率是指最有效地運用社會資源以滿足人類的慾望和需要。」由此可以看出，經濟學意義上的效率，指的是資

源配置所追求的一種情況，無論做任何改變，都不可能使一部分人受益而其他人不受到損失。

　　公平與效率問題實質上是一個如何把蛋糕做大，又如何把蛋糕分得更均勻的問題。經濟學家普遍認為，要強調公平，就要犧牲效率，而要強調效率，就難免要付出不公平的代價，同時要實現公平與效率很不現實。只有盡力去尋求一個公平與效率的平衡點，不但可以實現公平，還可以實現效率，這才是最佳的解決方案。為此，經濟學家做了大致的分工，也就是讓市場講究效率，政府講求公平。市場可以有競爭，可以優勝劣汰，但是政府要通過建立全面的社會保障體系，來保持公平性，這就在一定程度上避免了效率與公平的矛盾。

PART

2

焦點經濟學——

不可不關注的經濟焦點

KEYWORDS 12

國債危機

一提到楊白勞與黃世仁的故事,很多人都不陌生。這二人都生活在萬惡的地下社會,楊白勞是農民出身,欠了地主黃世仁不少錢,楊白勞還不起,黃世仁就打算要讓楊白勞用女兒喜兒來抵債。結果,逼得楊白勞自殺,而喜兒為了逃出黃世仁的魔爪,隻身一人逃入了深山老林,成了「白毛女」。

美國是世界上最有影響力的國家,可就是這麼一個強權國卻欠了中國一堆債。截至2015年9月,美國欠中國1.258兆美元。中國任何一個人民,不管是工人還是農民,不管是公務員還是上班族,不管是年逾花甲的老人還是剛剛呱呱落地的嬰兒,都無一例外地做了一回美國政府的「黃世仁」。

表面上看中國人是揚眉吐氣了,自己再窮,美國再富,它也欠中國錢了,照理說美國應該得看中國的臉色,畢竟中國是美國最大的債主國。可事實卻不然,黃世仁還要看「楊白勞」的臉色,因為這個債主非同小可,它是世界上經濟最發達的國家,擁有世界上最發達的科技,和世界上最先進的軍事武器……。

當然，美國也不能太為所欲為，為了緩解債務危機，當時的美國總統歐巴馬想多收點中產階級的稅，可是國會沒有通過，畢竟誰也不願意掏自己的錢去補貼國家。歐巴馬也沒辦法了，只有另尋它法。看來美國政府這位最大的「楊白勞」對本國人民也夠講義氣的，自己負債累累，但對自己的國民卻不施加任何壓力。人民的生活品質還是可以活得像原來一樣瀟灑。

但是，如果美國還不出錢，那就會形成美債危機。2011年8月2日，美國政府急得像熱鍋上的螞蟻，畢竟離債務違約還有幾個小時，就在最後關鍵時刻，參議院以74：26票通過了削減預算開支並提升聯邦政府借貸上限的法案，隨後歐巴馬即刻簽署這一法案。該法案決定：分兩步驟把借貸上限提高至2.1兆美元，最高至2.4兆美元；在未來十年內削減開支總計1兆美元；成立一個兩黨委員會，再推出額外的1.5兆美元的經費削減。

美國國會兩黨這次所達成的協議，其實是美國政府對債務國玩的又一場遊戲而已，它們的目的很簡單，就是想讓全世界擁有美國國債的「黃世仁」都來扮演「楊白勞」，最終為他們所欠的債務埋單，這也是各個債務國的無奈之舉，因為美元的強勢地位，導致世界各國不得不充當「黃世仁」。

希臘也想成為「楊白勞」，但最後卻深陷水深火熱之中，瀕臨破產的局面。2009年10月初，希臘政府突然宣佈2009年政府財政赤字和公共債務，占國內生產總額的比例，預估將分別來到

12.7%和113% 遠超過歐盟規定的3%和60%的上限。鑒於希臘政府財政惡化的狀況，全球三大信用評等機構：惠譽、穆迪和標準普爾，相繼調降希臘主權信用評等，希臘債務危機正式拉開序幕。

　　欠債還錢，天經地義，無論它是國家還是一般人都一樣，那要如何還呢？一種方式是借新還舊，要不就是縮衣節食。2010年5月，歐元區啟動希臘援助計畫，和國際貨幣基金組織（IMF）共同為希臘提供3年1,100億歐元貸款，這是對希臘進行的第一輪經濟援助，歐盟同時決定，聯手國際貨幣基金組織設立資金規模達7,500億歐元的歐洲穩定機制。為了得到歐盟的金援，希臘宣佈實施大規模的財政緊縮計畫。然而，第一輪的金錢援助和希臘的財政緊縮，卻未能改善希臘的經濟情況，而且生活品質、社會保障水平下降，導致希臘出現政府改選和社會動盪，債務危機就此成為政治危機。2012年3月，在德國總理梅克爾等人的推動下，歐盟再次通過1,300億歐元的第二輪援助計畫。此後，希臘危機似乎一度緩解。2013年，希臘財政終於出現盈餘，2014年重返國際資本市場。

　　然而，進入2015年以來，希臘債務危機的問題再次浮現，希臘政黨激進左翼聯盟，在1月份的大選中勝出，主張結束財政緊縮政策，並對歐盟嚴格的援助協議進行重新談判，在贏得國內民眾多數支持的同時，也導致新政府與國際債權人之間的矛盾激化，希臘政府和人民「耍流氓」，開始賴帳了！

KEYWORDS 13
金融危機

　　2008年八、九月份在英、法等國發生了這樣一個戲劇性事件：在這段時間保險箱成了搶手貨。我們都了解，有錢人非常喜愛使用保險箱，他們會把一些首飾、珠寶等貴重物品放到裡面。而一般人的保險箱有什麼用呢？事後知道，他們買保險箱不是為了存放貴重物品，只是為了存錢。因為他們認為銀行已經無法被信任，把錢放在銀行不知道哪天就領不出錢了，所以他們寧願買保險箱把錢放在自己家裡，這樣感覺更加安全。歷史稱當時的事件為「2008年金融海嘯」。

　　為什麼大眾不再相信銀行而寧願把鉅款放在家裡呢？因為金融危機爆發了。當時的金融危機使不少商業銀行陷入資不抵債的困境，所以大家覺得與其把錢放進銀行倒不如放在自己的口袋裡安全些。那麼到底什麼是金融危機？金融危機的影響又是什麼呢？

　　金融危機是指一個國家或地區的全部或大部分經濟指標，像是信用貸款、房地產、有價證券、貨幣等資產「大幅下跌」。它

不僅會影響本國經濟，還會波及全世界，引起世界金融體系的混亂，嚴重的會導致多家金融巨頭瞬間破產，幾十萬人面臨失業、通貨膨脹、股市下跌、貨幣貶值等等不良影響。

金融危機對一般人的影響在於，薪資降低、找不到工作、可支配的所得降低，所以會開始不敢花錢，勒緊褲袋準備過冬。由於花的錢少了，市場上的東西賣不出去，整個社會經濟出現了衰退的現象，嚴重的國家和地區還會引起政治動盪，世界就像得了一場大病，不斷的惡性循環。

金融危機雖然不會引發天然災害，但是它的破壞力卻遠遠高於這些自然災害所帶來的損失。因此，制定合理的經濟政策不只是為了保護本國的經濟發展，同時也在維護其他國家的經濟利益。當金融危機爆發之後，應該及時採取有效措施來降低損失，制訂長遠的調控計畫，不能為了擴大利潤，就無止盡地發展金融衍生性商品，使得風險滲透在各個金融機構之中。

2008年的這場金融危機是由美國房地產市場的「次貸危機」引起的。美國人習慣花未來的錢，享受當下的生活，所以一般民眾習慣靠貸款和借錢生活。為了刺激經濟發展，美國政府制定了一系列的優惠政策，使得那些經濟條件差、處於貧窮階層的人也可以紛紛向銀行借錢買房子，稱為「次級抵押貸款」。但由於這些人償還房屋抵押貸款的能力較差，引發了銀行的資金缺口，產

生了「次貸危機」。

　　從2006年6月到2008年爆發金融海嘯的兩年時間裡，美國聯邦準備理事會（Fed）底下的聯邦公開市場委員會（FOMC），連續17次加息，將聯邦資金利率從1%調升到5.25%，利率大幅攀升加重了購屋者的貸款負擔。而且，自從2005年第二季度以來，美國房地產市場開始大幅降溫，隨著房地產價格下跌，購屋者難以將房屋出售或者通過抵押獲得融資。受此影響，很多從次級抵押貸款市場的借款人，無法按期償還款項，次級抵押貸款市場危機開始顯現，並且有越來越嚴重的趨勢，最終爆發了金融危機。

　　「次貸危機」從2007年8月全面爆發以來，國際金融秩序嚴重崩潰，使金融市場產生了強烈的信貸緊縮效應，國際金融體系長期累積的系統性金融風險一次曝露。「次貸危機」所引發的金融危機是美國20世紀30年代的「經濟大蕭條」以來最為嚴重的一次金融危機。

KEYWORDS *14*

貨幣升值

　　自2016年7月以來，新臺幣兌換美元一直處於持續升值的態勢。2017年5月 新臺幣兌換美元的匯率更突破30元，新臺幣兌換美元的匯率長期穩定在32.5元左右，即1美元可以兌換32.5元新臺幣，新臺幣升值了，意味著相對於其它貨幣來說，新臺幣的購買力增強。最直接的好處就是，相同數量的新臺幣可以換取更多的外幣了。

　　那麼新臺幣升值是好還是壞呢？其實，凡事都有利有弊，新臺幣升值也不例外，先來說一下新臺幣升值好的一面。

　　首先，有利於進口。新臺幣升值，最高興的就是進口企業，因為它們進口國外產品可以花更少的錢買更多的產品；之前花325元新臺幣進口10美元的東西，現在只需花300元就可買到，尤其是我國很多原材料進口企業，像是中油、台塑每年都得從國外進口大量的原油，它們就會是新臺幣升值的受益者。

　　其次，海外投資和併購也更划算。因為升值，所以國內企業

做國外投資和併購的成本也就大幅降低，企業更願意走出去，去國外投資建廠或進行海外併購，這就會使得企業的國際競爭力不斷增強。像是鴻海集團在2016年收購日本企業夏普、之後又收購昔日手機霸主諾基亞的手機部門，都會因為升值的關係，而降低併購成本。

最後，出國旅遊、留學也相對便宜。對於一般民眾而言，因為新臺幣升值，就意味著你手中的錢更加值錢。另外，購買國外的進口產品也不用花這麼多錢了，像是進口車、進口3C產品等，一定會更便宜。所以，對於一般人來說，新臺幣升值算是件好事，而民生用品也大多從國外進口，購買能力提高，就會加大消費的需求，這樣就促進了消費市場的榮景。

但新臺幣升值也有不好的一面，尤其不利於出口。新臺幣升值意味著你的東西在國際市場上就貴了。例如，升值前10美元等於325元新臺幣；升值後10美元只折合300元新臺幣。假設國內的16GB隨身碟325元新臺幣1個，升值前，外國人可以用100美元買10個隨身碟，升值後，卻只能買9個隨身碟，如果你的商品沒有獨特性，它就會轉向日本、韓國購買更便宜的隨身碟，在這種情況下，國家的出口量就會相對減少，國內的出口企業生存就更加困難了。

新臺幣升值還不利於我國引進境外直接投資。外國企業來投

資是為了賺錢，看重的就是好的投資環境（土地、資產、勞動力等），如果新臺幣升值，意味著投資的成本大幅提高（薪水、稅金及各種開銷提高）。在這種情況下，如果沒有優惠措施，外商就會選擇撤資，這對經濟來說可不是什麼好事，因為外國投資企業有利於增加就業市場、增加稅收及擴大出口，如果外國企業都撤出去，那這些好處就都沒有了。

有的人可能會說，我又沒開公司，也不想出國，新臺幣升值跟我就沒關係了吧？這種說法其實大錯特錯，任何一個人都擺脫不了新臺幣升值的影響。就拿新臺幣升值導致房價上漲來說，由於新臺幣升值，所以很多人希望持有新臺幣。在這種情況下很多的資金就會留在國內，而這些錢不可能放著，他們會選擇去投資、買房子，房價就會上漲，買股票的話，股票就會上漲。典型的例子就是，從2016年開始新臺幣升值非常厲害，導致股市也一路飆升到接近萬點行情。

新臺幣升值有點像辦家家酒，例如，你買小凡家的玩具便宜了，但你賣給小凡的衣服也賺得少了。新臺幣升值有利也有弊：對於進口來說是好事，對於出口來說則是壞事。

面對新臺幣升值，我們要精打細算：多存新臺幣，少存外國貨幣，調整消費結構，多消費進口商品，讓自己的錢變大。

KEYWORDS 15
流動性危機

在一個偏遠的小鎮上，很多人都欠了債。

這一天，從外地來了一位有錢的旅客，他進了一家旅館，拿出一張1,000元的鈔票放在櫃臺上，說想先看看房間，挑一間合適的過夜。

就在此人上樓的時候 老闆抓了這張1,000元鈔票，跑到隔壁屠夫那裡支付了他欠的豬肉錢。

屠夫有了1,000元，橫過馬路付清了豬農的豬錢。

豬農拿了1,000元，出去付了他欠的飼料款。

那個賣飼料的老兄，拿到1,000元後趕忙去付清他所欠的房錢。

旅館老闆趕緊把這1,000元放到櫃臺上，以免旅客下樓時起疑。

此時那人正下樓來，拿起1,000元，聲稱沒一間滿意的，便把錢收進口袋裡走了。

這一天，沒有人生產了什麼東西，也沒有人得到什麼東西，可全鎮的債務都還清了，大家都很開心。

外地人給旅館老闆的一千元，可以看作一種流動性，在真實的世界裡，銀行的角色就是故事中的外地人，從整體經濟層面來說，流動性就是指經濟體系中貨幣投放量的多寡，當流動性不足時，就會全面產生流動性危機。

簡單來說，所謂流動性危機就是「缺錢」，明確的說「缺錢」並不代表「沒錢」。舉個例子，假設今天三點之前你必須還某人一萬元，但此時你的所有資產都用於買房，無法籌到這一萬元，這說明你「缺錢」，但實際上你可能很「有錢」。「缺錢」只是暫時需要錢來救急，此時選擇向銀行借款是一個不錯的選擇，但如果是銀行「缺錢」呢？可以向其它銀行借；所有銀行都「缺錢」呢？只能向中央銀行借了。因為中央銀行掌握了貨幣發行權，是流動性的根基，如果在銀行缺錢的情況下，中央銀行又不肯借錢，就會造成整個金融體系的流動性危機，俗稱「錢荒」。

2013年6月發生在中國金融系統內的「錢荒」事件就是一次典型的流動性危機。6月第一週，一些金融機構由於貸款增長較快，導致資金吃緊。6月7日 市場傳聞光大銀行對興業銀行同業拆借到期資金因資金吃緊毀約，導致興業銀行千億到期資金未收回，兩家銀行資金告急，光大銀行、興業銀行雖然雙雙闢謠，但受此影響，銀行同業拆款利率全面飆升。其中，隔夜拆款利率大漲135.9個基點至5.98%，資金交易系統出現歷史最長延遲，市場

大面積出現違約。

6月19日，由於流動性吃緊，大型商業銀行加入借錢大軍，導致部分銀行機構發生資金違約，銀行間市場被迫延遲半小時收市，震驚整個金融市場。6月20日，資金市場幾乎失控而停擺，隔夜拆款利率飆升578個基點，來到13.44%，比6%左右的商業貸款利率高出一倍，創下歷史新高，銀行間隔夜回購利率最高達到史無前例的30%，與此同時，各期限資金利率全面大漲，「錢荒」進一步惡化。

按照以往的慣例，每當市場資金面吃緊時，中國央行總會及時「出手」，通過降低存款準備率、降息等方式加大資金的流動性，商業銀行也已經習慣於央行在市場資金吃緊時出手相助。然而，這次中國央行一反常態，不但沒有出手，反而在6月20日繼續發行20億元人民幣的債券讓資金回籠，使得本來就非常吃緊張的資金面臨加劇緊縮，也讓市場恐慌情緒瞬間飆到頂點。

6月25日，中國央行發表聲明稱：近日已向一些符合要求的金融機構提供流動性支援，並稱將適時調節銀行體系流動性，保持貨幣市場穩定。同時表示 目前銀行間市場利率已經進一步滑落，商業銀行備付金充裕，流動性危機才暫時告一段落。

KEYWORDS *16*

通貨膨脹

　　2008年，辛巴威有一位民眾去商店買東西，因為錢太多了拿不了，所以就用兩個籃子裝著錢，後來這位民眾有點事需要離開一下，於是便把兩個裝錢的籃子放在商店門口，可是等他回來後發現，地上有兩堆錢，裝錢的兩個籃子卻不見了。如你所知，這位民眾遇上了小偷，問題是小偷為什麼不偷錢反而偷籃子呢？

　　小偷當然不是傻子，他之所以偷籃子而不偷錢，就是因為這兩個籃子比籃子裡的錢更值錢，這就是通貨膨脹的一個典型例子，錢不值錢了。後來辛巴威人民買一袋米就得用麻袋裝著整袋的鈔票，買一包衛生紙也得花幾疊的鈔票，為什麼會出現這樣的狀況呢？因為在當時的政府濫發紙鈔，導致物價飆漲，最終造成嚴重的通貨膨脹。

　　那要怎麼定義通貨膨脹呢？通貨膨脹是指鈔票的發行量超過了實際所需要的數量，從而引起貨幣貶值，物價上漲。簡單的說，通貨膨脹就是錢不值錢了，小時候花1元買一根冰棒，現在得花15元了。

在現實生活中，每個人也都能感受到通貨膨脹的威力，以前花100元在超市可以買很多東西，可是現在花100元也只能買到兩碗泡麵；以前500元可以花一個禮拜過的很好，現在500元花不到兩天，還得省吃儉用。總之，大家深感錢越來越不值錢了，這都是通貨膨脹惹的禍。當然，這只是比較輕微的通貨膨脹。惡性的通貨膨脹一般只會發生在戰爭的年代，或社會動盪時期。一般情況下，大家都不喜歡通貨膨脹，因為辛辛苦苦賺來的錢不值錢，買不了什麼東西了。

輕微的通貨膨脹並不完全是壞事，它可以刺激經濟增長。因為物價高一點，廠商就多一點利潤，可以促進廠商的生產積極性，而且也不會引起社會太大的動亂。但如果是惡性的通貨膨脹就不好了，它可能會引發社會的動盪，甚至迫使政府垮臺。

那麼通貨膨脹是怎麼形成的呢？它的幕後推手又是誰？下面簡單介紹一下通貨膨脹的幾種成因。

第一種情況：需求拉動型的通貨膨脹。因為在一定的時間內，商品的供給基本上就那麼多，但是大家的需求卻很大，所以需求大於供給，也就是說買的多，賣的少，廠商一興奮，就會給自己的商品漲價，這也印證物以稀為貴，東西少了，自然就貴了的道理。

第二種情況：成本推動型通貨膨脹。原物料價格的上漲導致成本增加，最終使產品的價格上漲，像是20世紀70年代的石油價格快速上漲，全球就經歷了一次嚴重的通貨膨脹危機。

現實生活中，可能很多人覺得房地產可以抵擋通貨膨脹。確實，房地產可以保值，近幾年房價大幅飆升，但是一定要謹慎，要避免房地產過熱，巨大的利益誘惑會催生出一系列的泡沫騙局，所以沒有經驗的新手一定要小心。

之前，我國也面臨通貨膨脹的壓力，這也讓很多經濟學者和政府政策的制定者感到頭痛，一方面要提升薪資水平，一方面又要抑制物價。

不過作為經濟人，面對不可遏制的通貨膨脹時，更要聰明地理財，至少資產要能跑贏通貨膨脹，否則口袋裡的錢會越來越少，你可以把錢換成黃金或者其它可以增值的產品，也可以進行金融商品的投資。總之，不要放在自己的口袋或者銀行戶頭裡，要不然你存的這些錢，或許現在還可以買個15坪的小房子，過幾年說不定連10坪都買不了了。

KEYWORDS 17 ‖ *KEYWORDS* 18
市場失靈 ‖ 政府管制

　　有一個富豪，他有一個老婆又有一個小三，老婆比自己大，而小三卻比自己小，小三總認為富豪配不上自己，因為兩個人站在一起，別人總誤認為是父女檔。小三心裡很不是滋味，怎麼辦呢？於是她想了一個辦法，就是每天拔掉富豪腦袋上的幾根白髮，她認為只要富豪頭上的白髮少一些，就會顯得年輕幾歲，這樣兩個人看上去就很像一對夫妻了。

　　其實老婆也覺得自己和富豪不配，因為兩個人在一起的時候，別人總誤認為是母子，老婆心裡也很不是滋味，怎麼辦呢？她也想出個法子，就是每天拔掉富豪頭上的幾根黑髮，認為只要富豪的黑髮少了，就顯得老成了，兩個人看上去就也像夫妻了。

　　就這樣，富豪在小三那裡，每天被拔掉幾根白髮，在老婆那裡，每天被拔掉幾根黑髮，沒有多久富豪就成了禿頭，不管是老婆還是小三，她們給富豪拔頭髮的動機看上去都有道理，但最終卻造成了兩個人都不願意看到的結果，這是因為兩人都從利己的角度出發，而沒有考慮富豪的情況。可以說，正是由於兩人的自利行為，才造成了富豪成了禿頭！

古典經濟學家認為，如果每個人都從利己的角度出發去做事，那麼市場就可以達到非常良好的狀態。但事實證明，如果人人都為自己考量，放任自由，那麼市場也會失靈，陷入混亂的狀態。一般情況下，市場可以調節商品的供需關係，實現資源的最好的分配，但是市場也有失靈的時候。

所謂市場失靈，就是市場本身不能有效的分配資源，最終導致資源浪費。例如，在夏天，一邊是芒果的豐收季，農民只能眼睜睜地看著芒果爛在土裡，而賣場裡民眾卻抱怨芒果價格太貴；一邊是很多人買不起房子只能租房子住，而另一邊蓋了好多新成屋卻因為價格太高賣不出去，而成一片鬼城……這些都是市場失靈所造成的──很多芒果被銷毀，很多房子給鬼住。

在市場失靈的時候，需要政府通過一系列的政策來進行彌補，使資源儘量達到有效的配置。在經濟學中，這就叫政府管制。對其進行系統性研究的學科就叫「管制經濟學」，是由美國著名經濟學家喬治‧斯蒂格勒（George Joseph Stigler，1911－1991）所提倡的。

政府管制與一般人的生活息息相關。例如，我國的石油價格就是由政府管制的，政府每週會根據「油價公式」調整汽油的售價。再例如，房地產領域的「空屋稅」，也屬於典型的政府管制。其目的是為了阻擋有心人囤積房地產，造成房價快速上漲。

但是，政府在調控的過程中也得考慮自己的利益得失。所以為了減少副作用的發生，政府應該受到公民的有效監督，只有這樣人民的利益才能得到有效的保障。

　　因為市場失靈的存在，所以需要政府管制，只有兩者結合，才能有效、合理地配置資源，使經濟能夠穩健的發展。

KEYWORDS *19*

國內生產毛額

　　大毛和國維都是商人，他們在一家咖啡店裡喝咖啡，這時一位美女走了進來，大毛打趣的跟國維說道：「如果你能過去親一下那位美女的鞋子，我就給你一百萬！」

　　國維認為這是一樁划算的買賣，因為親一下鞋子就可以拿到一百萬。於是毫不猶豫地向美女走過去，在大庭廣眾之下親了美女的鞋子，親完回到自己座位上，大毛很不情願地簽下了一張一百萬元的支票給國維。

　　一個星期後，兩位商人又相約來到這家咖啡店，沒想到的是，那位美女竟然又出現了，國維想，這下也得讓大毛去親一下美女的鞋子，於是就跟大毛說：「你去親一下那位美女的鞋子，我也給你一百萬！」大毛眼睛都亮了，因為這是賺回一百萬的機會，他健步如飛地跑到美女面前，立馬趴下，如癡如醉地親吻起來。事後，國維也簽了一張一百萬元的支票給大毛。咖啡店裡的人看著這兩個人的行為，不由得竊笑起來，覺得他倆是神經病，但旁邊的一個政府官員卻很高興地鼓掌叫好，說：「如果他們天天這麼做的話，我們的國家就會變有錢了！」咖啡店裡的人面面相覷，對官員的話完全無法理解。

一個禮拜後，當地報紙都在報導這樣一件消息：「商人爭相親吻美女的臭鞋，讓本國今年GDP比去年增長10%。」

當然，這只是一個笑話。但如果條件成立，他們的行為又確實會使本國的GDP增加200萬元。這是怎麼回事呢？首先上我們來解釋一下什麼是GDP吧。

GDP即國內生產毛額，是指一個國家或地區在一年內所有生產的產品和貨物的總價值。它代表的是一個國家在一年之內生產的經濟總量。

GDP由總消費、總投資、淨出口三部分所組成，意即：
GDP ＝ 總消費 ＋ 總投資 ＋ 淨出口

消費和投資都很好理解，那麼淨出口是什麼呢？淨出口就是出口減去進口的淨值，例如，一國出口1,200億美元，進口1,000億美元，那麼多出的200億美元就是淨出口，這200億美元也要計入該國的GDP。

上面兩位商人花的200萬元屬於他們的消費，也要計入這個國家的GDP，所以就出現了報紙上所報導的消息。

長久以來GDP一直是各界最關心的經濟發展指標。近幾年的中國，自開放以來的GDP維持在10%以上的成長，也造就了中國經濟體在世界上的重要性。2010年，中國GDP首次排名全球第

二，成為世界第二大經濟體。這充分說明了GDP成長率，對一個國家的經濟佔有很重要的地位。

但是，用GDP來衡量一國經濟也有很多弊端，例如，它反應更多的經濟規模，而無法反應經濟發展的品質。前美國總統甘迺迪在1986年競選時，曾慷慨激昂地批評GDP作為福利衡量指標的正當性，他說：「GDP並沒有考慮到我們的孩子們的健康，他們的教育品質，或者他們的幸福。它也沒有包括我們的詩歌之美和婚姻的穩定，以及我們關於公共問題爭論的智慧，和我們公務人員的廉潔。它既沒有衡量我們的勇氣、我們的智慧，也沒有衡量我們對國家的熱愛。簡而言之，它衡量一切，但並不包括讓我們的生活過得更有意義的東西。」

從中國經濟發展的例子來看，生活水準提高，但生態環境越來越差、人與人的關係日益疏遠的代價，甚至還出現諸如金融風險大增、貧富差距拉大、社會公平正義等問題的產生。

正因如此，隨著中國經濟進入「新常態」，GDP增長開始變慢（2016年度GDP增長為6.7%，創下自26年以來的最低增長），中國開始更加注重經濟發展的品質。「新常態」是一個將品質、效益不斷提升作為發展的內涵，以生態環境保護作為持續發展的引擎，將民生改善作為最終的發展理念。不容否認，在「新常態」下GDP依然是衡量經濟發展水準的一個重要指標，但我們關注的不僅僅是數字的增減，而是GDP內涵的增減。

KEYWORDS 20
擴大內需

　　西元1009年的正月發生了一件小事，雖然它只不過是歷史長河中微不足道的一朵小浪花，但卻給很多人帶來了無限的幸福和快樂。

　　跟往年一樣，正月初三，老百姓都滿心歡喜地過春節，而在宮廷裡，卻又多了一份喜慶——天慶節。天慶節是宋代皇帝宋真宗新設立的節日，這一天所有官員休假五天，而習俗就跟大年初一一樣。

　　宋真宗設立天慶節之後，又在後來的幾個月內設立了天賦節、先天節、降聖節和承天節。在這五個節日中，國家都不允許用刑，更禁止了死刑，這對於百姓而言可謂是一件天大的好事。

　　不僅如此，真宗還為節日當天制定了詳細的活動內容。除此之外，朝廷和地方財政都要撥出大量的經費以保證節日活動一切順利。也許，我們今天的休假制度還是拜宋真宗所賜呢。

　　宋真宗的舉措看起來有點勞民傷財，但其實不能簡單地否定它，因為它有著很深的文化和政治意義，同時它也推動了消費需求，並且促進了經濟的繁榮。你想想看，每當連假或是週末的觀

光及消費人潮，是不是也促進了整個經濟的發展呢？

在一千年前的宋朝，是中國經濟規模最大的朝代，占世界經濟總量大約80%，那時候中國封建王朝的生活水準達到了高峰，百姓的幸福指數也達到了極點。宋朝經濟發展之所以那麼好，跟宋真宗創造內需的政策不無關係，他增設了那麼多的節慶假日，大家都去消費了，而商品好賣了，經濟自然得以發展了。

宋真宗的政策與臺灣今天所提倡的「連假經濟」（彈性放假）有著異曲同工之妙，都是屬於擴大內需的做法。

之前我們提到，一國的GDP主要由三部分組成：總消費、總投資和淨出口。因此，經濟學家們經常說「消費、投資、出口是經濟增長的三輛馬車」。中國開放之後GDP持續保持高速增長，其主要原因就是靠投資和出口推動的。近年來，由於全球經濟陷入低迷狀態，中國出口的增速放緩，同時由於產能過剩，繼續靠大規模投資促進GDP發展的空間越來越小。在這種情況下，中國政府必須通過刺激消費來帶動經濟增長。

對於成熟市場經濟的國家而言，消費在「三輛馬車」中的占比最高，是使GDP增長的主要因素。據世界銀行2013年公佈的數據，當前世界上GDP最高的四國（美、中、日、德）當中，消費占GDP比重最高的是美國，幾乎占90%；最低的是中國，不足

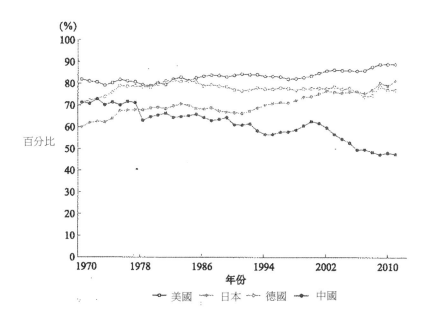

※ 世界主要經濟體：美、中、日、德四國消費占 GDP 的比例

50%。由此可見，中國經濟要實現以消費來帶動轉型，仍然還有
很大的成長空間。

　　所謂擴大內需，簡單來說就是鼓勵民眾花錢。為此，國家要
不斷的提高民眾的收入水準，完善長照政策、健保、失業及退休
保障等，才能增強大眾的消費信心。因為只有沒有後顧之憂的狀
況下，民眾才會捨得花錢。

KEYWORDS 21

減碳經濟

　　2010年1月份的一天中午，在捷運上有20多位只穿件性感熱褲的民眾，旁若無人地看著報紙，他們為什麼穿成這樣呢？原來他們的目的是借此宣傳環保意識，提倡減碳生活。

　　他們身上都打出了各式各樣的標語，像是參與者梁先生的背包上，貼著「節能減碳是地球的退燒藥」，手裡還拿著一張海報，上面寫著「拯救地球」。另外一位參與者葛先生的標語還十分有幽默感，寫道：「減碳生活，灑『脫』到底！」

　　減碳二字早已融入我們的日常生活中，在我們耳邊經常看到這樣的話：「節能減碳愛地球。」那麼什麼是減碳呢？減碳就是在空氣中減少排放過多的二氧化碳。大家都知道，全球氣候暖化，地球已經不堪重負，我們每天吃肉、開車、使用手機、電器等都會增加二氧化碳的排放量。

　　如果用了100度的電，就得排放78.5千克的二氧化碳；如果開車消耗了100公升的汽油，就得排放270千克的二氧化碳；如果是搭飛機旅行2,000公里，就得排放278千克的二氧化碳……這麼多

的二氧化碳排放到空氣中，必然是會導致全球暖化，而人類和其它生物的生存就會受到威脅。

正因如此，才有了減碳生活、減碳經濟、減碳技術等口號。在這裡，我們要特別說明一下減碳經濟。減碳經濟是指在可持續發展的理念下，通過技術創新、制度創新、產業轉型、新能源開發等多種手段，盡可能減少煤炭、石油等高碳能源的消耗，減少溫室氣體的排放，以達到社會經濟發展與生態環境保護雙贏的一種經濟發展模式。減碳經濟將會導引第四次工業革命的到來，目的是防止不可再生資源的枯竭，也可以防止全球氣候暖化。

近年來，中國的霧霾問題日益嚴重，也時常影響臺灣的空氣品質，大家的健康問題受到很大威脅。霧霾問題是因中國快速工業化、城鎮化過程中不斷累積的環境問題。自中國改革開放以來，由於長期無限制的快速發展，導致在30多年的時間內爆發了發展中國家100多年當中遭遇到的環境問題，以煤為主的能源結構、工業、交通等領域的大量排放，使得PM2.5等大氣污染物排放遠超環境負荷。要想從根本上解決霧霾問題，就必須大力發展減碳經濟。

其實我們每一個人都可以為減碳經濟作出貢獻。像是可以從改變自己的行為出發，例如，多走路少開車，多爬樓梯少坐電梯，換裝LED燈泡，多種樹，少用塑膠袋，少用電腦，少開空調等。總之，就是每個人都要做到節能減碳，小貢獻也能夠累積成大能量。

KEYWORDS 22
美女經濟

　　美女經濟古來有之。據說當年越國選美，西施可是數一數二的美女，在進京的路上眾人圍觀，不管是男的、女的、老的、少的都想看看這個大美女的廬山真面目，結果造成交通堵塞，寸步難行。這怎麼辦呢？護送西施的越國相國范蠡見狀不由得發愁，但同時又心生一計。他讓西施住進路旁客棧的一幢豪華的小樓裡，然後四處標榜：欲見美女者，賞一文錢。

　　告示一經貼出，很多人都知曉了此事。西施登上樓，倚著小窗搖著扇子，飄飄然就像是仙女下凡。雖然看美女得先掏錢，但人們還是趨之若鶩，想一睹美女的風采，觀賞者大排長龍，就等著看美女，有的人竟然付了二、三次錢，真是百看不膩。三天下來，范相國獲得了不少錢財。進京後，他把這些錢上繳給了國庫。西施覺得范蠡才德雙全，所以也願意成為他的生死之交。

　　范相國的行為和舉措有意無意地為後來的美女經濟開了先河。在現代，美女經濟更是火爆得要命，企業找帥哥、美女來做代言，可以吸引無數顧客的目光；報章雜誌由性感美女或肌肉猛男做封面，可以招來大批的讀者購買；車展、電玩展也必須要有

Show Girl，以吸引潛在的消費者。這些都是美女經濟的表現，它是指圍繞美女資源所進行的財富創造和分配的經濟活動。其實，美女經濟就是所謂的「眼球經濟」，因為帥哥、美女可以吸引人們的眼球，企業則是通過這樣的方式吸引顧客的注意力。

不管你承不承認，相貌在這個世界上都屬於稀有資源，就像一位經濟學家說的那樣，並不是每個人都天生麗質；並不是每個人都長得秀色可餐，所以美貌是一個人生存和發展的資本，它是一種非常珍貴的東西。正是因為帥哥、美女資源稀少，白俄羅斯總統盧卡申科甚至親自下令限制白俄羅斯美女出口，以保護美女這種「國家戰略資源」。也正是因為美貌的稀少性，人們才越來越將有限的目光投注到美貌上。其實誰都喜歡看帥哥、美女，商家正是利用人們的這種心理，順利地將人們的目光通過帥哥、美女吸引到自己的商品上。

一說到車展，人們自然想到Show Girl，似乎離開了Show Girl就沒辦法舉辦車展似的。然而，美國一家汽車公司曾做過這樣的調查，在車展中，如果只有名車沒有美女，觀眾停下來賞車的平均時間約為兩分鐘，如果既有名車又有美女，那麼賞車的民眾停下來欣賞的平均時間平均為九分鐘。也就是說，Show Girl讓觀眾對車子的關注增加了七分鐘，而就是這短短的七分鐘，就能為企業贏得不少的曝光和銷量。這就是「美女效應」，帥哥、美女可以為企業帶來其他經濟方式所難以取代的發展「錢」途。美女經

濟就這樣帶動了相關行業的繁榮，也日益成為企業手中的另類資源。

　　當然，並不是有美女做代言，商品就一定值得信賴。作為消費者還是要理性一些，不要被美女所迷惑，要認清這些商品到底值不值得購買。

怪象經濟學——
不可不理解的經濟學奧妙

KEYWORDS 23
馬太效應

生活中，你一定會有這樣的感慨和發現：「為什麼有錢的人越來越有錢，買車買房，還能到處出國旅遊，而沒錢的人卻越來越窮，只能租屋、騎車或搭大眾運輸工具，甚至一天還只吃兩餐；為什麼朋友多的人，身邊的朋友越來越多，而且各行各業的都有，而沒朋友的人則往往一直孤單一人。其實，這些都是馬太效應的典型例子。

馬太效應最早源自於《新約·馬太福音》中的一個故事：一個國王在遠行前，交給三個僕人每人1錠銀子，並讓他們去做生意，等他回來時，再向自己報告結果。過了幾年，國王回來了，問起他們生意做得如何。

第一個僕人向他報告說，自己用國王給的1錠銀子賺了10錠銀子，國王聽了非常高興，就獎勵他十座城池。

第二個僕人向他報告說，自己用國王給的1錠銀子賺了5錠銀子，國王聽了一樣很高興，也獎勵了5座城池給他。

第三個僕人向他報告說，自己把國王給的1錠銀子用毛巾小心包著，怕丟了就天天帶在身上，現在見了國王，就把銀子拿了

出來。國王聽到後一臉不悅，收回了他的那1錠銀子，賞給第一個僕人，並說了一段話：「凡有的，還要加給他，叫他有餘；凡沒有的，連他所有的也要奪去。」

20世紀60年代，美國社會學家莫頓（Robert King Merton，1910－2003）據此提出了「馬太效應」，用來比喻富人越富，窮人越窮的一種社會現象。

看到這裡，有人可能就有點不高興了，覺得不公平，為什麼別人已經很富有了，還要給他獎勵；而沒有的已經很窮了，你還剝削人家，然後大聲疾呼：為什麼在公平觀念深植人心的今天，這種不平等的現象反而變得更加變本加厲了呢？

其實，這是很正常的事情，也是很公平的事情。不管是過去還是現在，不管是國內還是國外都一樣。當一個人取得一定成功以後，他就擁有了更多的資源，更多的資源首先表現為更強的能力，更強的能力就意味著更容易取得更大的成功。自由和公平是現代市場經濟蓬勃發展的動力，富人越富，窮人越窮也算是公平的一種表現，因為富有富的道理，窮有窮的原因。

古時候有一句話：「長袖善舞，多財善賈。」意思就是說衣袖長，跳起舞來自然好看；資本多，做生意才會順利。這其實跟馬太效應有著異曲同工之妙，說的意思都是：只要你累積了一定

的優勢，就能有更多的機會獲得成功，最終造成強者恆強，弱者恆弱的局面。

　　馬太效應告訴我們，要想在自己的領域保持一定的優勢，就必須把自己迅速做大做強，強大了，資金、人脈、機會等自然就會來了，所以必須把自己的實力往上提升，只有這樣才能讓自己或企業成為真正的領導者。

KEYWORDS 24
價值理論

　　有一位窮人，家裡什麼都沒有，僅有的財產就是一個破舊的木碗，他只好去打工賺點錢。於是，他上了一艘漁船做船員。不幸的是，漁船在航行途中遇難，大部分的船員都掉進海裡淹死了。窮人命大，抱著一根浮在水面的木頭幸運地活下來。不知道過了多久，被沖到一個小島上，島上的酋長對窮人的破舊木碗非常有興趣，就用一口袋的珍珠、瑪瑙換走了這個木碗。

　　後來，一位富豪聽到窮人竟然有如此神話般的奇遇，心中就想：一個破舊木碗就可以換這麼多的珍寶，如果我拿去很多佳餚就一定可以從酋長那裡換回更多的珍寶。於是，富翁開始行動，他裝滿一整船的山珍海味和美酒，歷經艱險終於來到這座小島上。酋長接見了他，接見中，酋長一邊品嘗著富豪送來的禮物，一邊對口中的佳餚讚不絕口，可就是隻字不提換珍寶的事，而且富豪還發現酋長雙手正小心翼翼地捧著那個破舊木碗。

　　為什麼酋長對那個破木碗情有獨鍾，會不惜用珍珠、瑪瑙來換取，而對後來的山珍海味卻不那麼感興趣呢？這似乎很不合常理。但就是這樣不合常理的事情，在我們的生活中卻隨處可見。

大家都知道沒有什麼東西比水更重要，我們每個人都離不開它，但它並不值多少錢。相反地，鑽石既不能吃也不能喝，它的使用價值很小，但卻很值錢，一顆小小的鑽石可以賣到幾萬元，甚至幾十萬元、幾百萬元。

這就是著名的鑽石與水的理論，也就是「價值理論」。這個理論最早由銀行家、經濟學家約翰·羅（John Law，1671－1729）提出，後來亞當·斯密（Adam Smith）試圖說明價值決定因素時，借用了這個例子。亞當·斯密在《國富論》中指出：「沒什麼東西比水更有用，但能用它來交換的貨物卻非常有限，很少的東西就能夠換到水。相反地，鑽石沒有什麼可用性，但卻可以用它換來大量的貨品。」對於這種現象，亞當·斯密用價值論來進行解釋，即交換和使用價值。水的使用價值很高，但幾乎沒有交換價值；相反地，鑽石雖然使用價值很低，但交換價值卻很高。

用於解釋這理論的，還有另外一個，那就是邊際效應理論。鑽石作為一種奢侈品，可以讓人拿來炫耀，且數量稀少，所以增加一單位的鑽石消費，為消費者帶來的效果很大，即鑽石邊際效應大，消費者願意以較多的支出來購買。而水雖然是生命中不可缺少的，能給人帶來極高的效用，但由於世界上水的數量很多，增加一單位的水給人們增加的效用就很低了，即水的邊際效應低，所以水的價格自然也就不值錢了。

　　價值理論可以為我們解釋很多不可思議的事情，像是奢侈品價格破萬、古董價格破億，雖然他們的使用價值並不是那麼大，甚至幾乎沒有什麼使用價值可言，但因為它稀有，所以價值連城。

　　所以，便宜的東西未必就是次級品，貴的東西未必就是最好的。我們在買東西的時候，一定要把握一個原則——不追求貴的，只追求CP值最高的。這樣才能最大化地發揮手中的財富。

節儉理論

　　有個傳說故事，說的是有一窩蜜蜂過得繁榮昌盛，生機勃勃，每隻蜜蜂每天都大吃大喝，從來不知道什麼是節儉。後來有一個人教導牠們說，以後不能這麼浪費，該有所節制了。蜜蜂們很聽話，聽從了這個人的教誨，更重要的是，牠們覺得很有道理。於是，牠們開始貫徹執行。從那之後，每隻蜜蜂都很節儉，各個搶著當節約模範生，但結果卻出乎意料，整個蜂群迅速衰敗，從此一蹶不振。

　　這個故事看上去不可思議，為什麼不知節制的時候整個蜂群興隆昌盛，而各個都節儉的時候，反倒急速衰敗呢？原因很簡單，因為大家都省吃儉用，不輕易買東西，那大多數企業所生產的產品就賣不出去，沒收入就只好倒閉，企業倒閉了，員工工作沒著落，也就沒收入了，整個社會就會進入一個惡性循環，連國家稅收也會受到嚴重的影響。這就是節儉理論。「節儉是美德」這是我們從小就被父母、老師時常灌輸的思想，但是節儉對於整個社會來說卻不是什麼好事。

　　節儉理論是經濟學家凱因斯（John Maynard Keynes，1883－1946）提出來的，他認為對於個體而言，如果一個家庭勤儉持家，減少浪費，往往可以致富，但對於整個國家的經濟成長來說並沒有什麼好處。實際上，這邊就有個矛盾現象，民眾節儉、降低消費、增加儲蓄，往往會導致社會收入減少。

　　人們的收入通常有兩種用途——消費和儲蓄。而消費與儲蓄呈反方向變動。也就是說，消費增加儲蓄就會減少，消費減少儲蓄就會增加，所以儲蓄與國民收入呈現反方向變動；儲蓄增加國民收入就減少，儲蓄減少國民收入就增加，因此增加消費減少儲蓄，會通過增加總需求而帶動國民收入增加，從而促進經濟繁榮；反之，就會導致經濟蕭條。由此可以得出一個邏輯矛盾的推論，節制消費增加儲蓄，會增加個人財富，對個人是件好事，但由於會因消費減少導致國民收入減少，對經濟卻是件壞事。1929年的經濟大恐慌就是一個活生生的例子，由於人們擔心經濟會繼續惡化下去，所以都抱著錢不去消費，可是越是這樣，經濟危機拓展得越快，最終造成一場非常大的經濟浩劫。

　　在經濟蕭條、企業產能低落的時候，多消費確實可以讓企業重獲新生，並且增加就業，讓人們富裕起來。當然消費也要根據自己的條件，適度的消費且不浪費自然資源，這樣才是最好的選擇。

拉弗曲線

　　1974年的某一天，在美國華盛頓的宴會上，一群保守派人士聚在一起有說有笑，拉姆斯菲爾德（Donald Henry Rumsfeld，美國眾議員）、錢尼（Dick Cheney，美國前副總統）等這些重要的共和黨人物，也參加了這次宴會。另外，還有一個非常著名的經濟學家亞瑟・拉弗（Arthur Betz Laffer，1940－）。拉弗在宴會進行到高潮時，拿出一張餐巾紙，在上面畫了一個簡單的類似拋物線的圖，並且展示給大家看。在場的人看了拉弗畫的圖之後竟然都震驚了，有的人還拍著大腿說：「是啊，應該就是這樣。」

　　原來這個圖是用來表示稅率與國家財政收入之間關係的曲線，即拉弗曲線。它從理論上證明了這些政府要員的觀點：減稅可以給美國經濟帶來很大的福音，而不是造成國家收入的減少。亞瑟・拉弗因拉弗曲線著稱於世，並當上了雷根總統的經濟顧問，為雷根政府推行減稅政策。

　　我們都知道，一般情況下，稅率越高，政府的稅收就越多；但當稅率的提高超過一定限度時，企業的經營成本提高、投資減

少、收入減少，即稅基減小，反而會導致政府稅收減少。反過來說，如果減少稅率，就會刺激人們的投資熱情和工作積極度，從而創造更多的財富，那麼政府的收入也會跟著增加。描繪這種稅收與稅率關係的曲線就叫「拉弗曲線」。

20世紀80年代以來，拉弗曲線得到了廣泛應用，德國、英國、加拿大等國家，都紛紛採取減稅措施。結果也的確證明，這些國家的實際稅收不僅沒有降低，反而還呈現上升趨勢。

其實，這樣的思維在中國的古籍中也出現過。《論語‧顏淵》中記載，魯哀公曾經問孔子的門生有若：「今年鬧飢荒，國庫不夠，怎麼辦？」有若回答說：「為什麼不減免稅賦呢？」哀公說：「現在的稅賦是十分之二，都還不夠，怎麼還能減稅呢？」有若回答說：「百姓富足了，陛下怎麼會不富足呢？百姓不富足，陛下又怎麼會富足呢？」

有若的想法與拉弗的理論是一樣的。他的想法是，飢荒年間，農民收入本來就不好，如果國家還要提高稅率來充實國庫，農民就會覺得一年到頭辛勤勞作，結果收成的糧食都給了國家，那他們還願意這麼辛勤耕作嗎?如果沒有人願意勞作，國家的財政就會更加空虛。所以，還是減免稅收的好，農民幹勁十足了，收成的糧食多了，國家的稅收自然就多了。當然，這段對話也反應了儒家的富民思想，沒有民富，稅收總量也絕對不可能增加。

資訊不對稱

勾踐打敗吳國之後，舉辦了盛大的慶功宴。大臣們紛紛舉杯慶祝。但此時，勾踐卻沒有半點喜憂之色，善於察言觀色的范蠡覺得勾踐今天有點不對勁，心想一定是憂愁該如何搞定這些有功的大臣們。足智多謀的范蠡權衡再三，決定還是急流勇退自保的好，於是向勾踐提出了要告老還鄉。

范蠡臨走的時候，念在跟同事文種多年的交情上，特意給他寫了一封信，大概的意思就是讓他也跟自己一起隱退，否則以後可能會有殺身之禍。文種看完信後，十分不以為然，自認為對越王貢獻大，他絕對不會殺自己。可是後來事實證明，文種還真是小看了勾踐。勾踐深知文種的才華，一旦叛亂勢必給自己構成極大的威脅，所以決定除掉文種。

有一天，勾踐去看文種，待了一會兒就走了，臨走的時候給文種留下一把劍，劍上刻著「屬鏤」二字，文種一下懵了，這是勾踐讓他自殺的意思。此時，文種想起了范蠡曾經的告誡，只能長嘆一聲：「不聽范蠡的勸告，終於落得如此下場，我太天真了！」說完，文種乖乖拔劍自刎。

在中國歷史上，皇帝殺重臣的悲劇一直在不停地上演，劉邦殺韓信、朱元璋殺眾臣、嘉慶殺和珅、康熙殺鰲拜等都是如此。這是為什麼呢？難道這是皇帝的一種癖好嗎？難道說「卸磨殺驢」已經成了一種流行？歷史學家對此自有一番見解，但其實，我們通過經濟學也可以找到其中的一些原因。

資訊經濟學中的委託代理理論可以部分地解釋皇帝殺重臣的現象，該理論是由美國經濟學家麥可·史彭斯（Andrew Michael Spence，1943－）、阿克洛夫（George Arthur Akerlof，1940－）和史迪格里茲（Joseph Eugene Stiglitz，1943－）共同提出。他們洞悉了企業所有者兼任經營者的做法，存在著極大的弊端，於是提出委託代理理論，提倡所有權和經營權分離的制度，企業所有者保留所有權，而將經營權讓渡給管理者。

委託代理理論是建立在資訊不對稱的基礎上的。所謂「資訊不對稱」，是指交易中的各人擁有的資訊不同。在社會政治、經濟等活動中，一些成員擁有其他成員無法擁有的資訊，因此造成資訊不對稱。在經濟活動中，掌握資訊比較充分的人，往往處於比較有利的地位；而資訊貧乏的人，則處於比較不利的地位。

皇帝與重臣的關係可以看作是一種委託代理關係，皇帝委託大臣們來協助自己管理國家，並給他們發薪資，希望他們努力工作，為自己效勞。皇帝最擔心的是這些代理人不忠心，怕他們造反，此時就會出現資訊不對稱。大臣們知道自己會不會造反，

而皇帝卻不能確定誰忠心、誰奸佞，怎麼辦呢？根據委託代理理論，皇帝必須用一個信號來區分一個人是忠臣還是奸臣，可是對於造反這件事來說，皇帝覺得用一個信號來區分未免過於草率，因為這可是皇帝的寶座，萬一這個信號不準確呢？所以皇帝只好選了一種非常手段的分離信號來進行識別：有能力造反的和沒有能力造反的。因此，一旦讓皇帝覺得你有能力造反，就可能招來殺身之禍，剩下那些沒能力造反的大臣，即使有造反之心，也無造反之力。這樣一來，皇帝就安心多了。

　　有些開國重臣即使交出了兵權，仍然逃脫不了被殺的命運，其實這也可以用經濟學的理論來解釋，因為重臣除了擁有兵權、職權這些有形的資產外，還有才能、威望、人際關係等無形資產，這些無形資產是沒辦法分離的，這對於皇帝來說當然也會構成威脅。所以即使你交出了兵權，也一樣要被殺。

　　當前，我們正處在技術日新月異的新經濟時代，這個時代的一個重要特徵就是充滿不確定性，高利潤與高風險並存。在這個時代裡，市場經濟中的資訊不對稱現象比比皆是，只有及時掌握比較充分的資訊，擁有不斷逼近真相的能力，才能胸有成竹，變不確定為確定。掌握的資訊越多越全面，所做出的決策也就會越趨近於正確，也可以降低因為資訊不對稱所帶來的不必要損耗。所以，我們必須提高獲取資訊的能力，增加獲得資訊的管道，擁有充滿智慧和理性的頭腦。

KEYWORDS *28*
規模經濟

KEYWORDS *29*
規模不經濟

　　大家都知道，淝水之戰是中國歷史上最著名的戰役之一。西元383年8月，前秦皇帝符堅親自率領60萬步兵、27萬騎兵、3萬禁衛軍，共計90萬大軍從長安城揮軍南下。現在想起來，這個陣容可謂壯觀，前後千里，左右萬里，足可以用浩浩蕩蕩來形容。符堅在當時可謂信心滿滿，並且狂妄地宣稱：以吾之眾旅，投鞭于江，足斷其流。

　　面臨強敵壓境，東晉當然也很心虛，要知道自己才8萬士兵。即使訓練有素，但要戰勝百萬大軍，也是難上加難。不過，仗該打的還是得打，不能就這麼投降了。於是，東晉皇帝任命謝安為征討大都督，謝玄為先鋒，兩個人率領經過7年訓練的8萬北府兵沿著淮河西上，迎擊前秦軍的主力。

　　兩軍在淝水展開了一場你死我活的激戰，結果卻是前秦軍大敗，90萬大軍死的死、傷的傷，唯有鮮卑慕容垂部的3萬人馬毫髮無損。要知道東晉與前秦的軍力對比，幾乎是1比11，東晉軍隊此戰可謂是以一敵百，創造了以少勝多的神話。這樣，符堅統一南北的願望不僅沒有實現，而且北方暫時統一的局面也隨之解體，再次分裂成好幾個政權。

回過頭來想想，前秦軍規模這麼大，而東晉軍的規模這麼小，竟然最後東晉贏了，這真是令人咋舌，但這是真實的歷史，確實如此發生了。從這個故事中，我們可以體會到：人多、規模大未必就能產生最好的效果。換言之，人多未必力量就大，這一現象在經濟學中也有例證：生產規模大，並不意味著效益一定好。要想真正弄清楚這個問題，我們就要認識一下規模經濟的概念。

規模經濟的全稱是大規模生產導致的經濟效益，是指在一定的質量範圍內，隨著產量的增加，平均成本不斷降低的事實。規模經濟是由於一定的質量範圍內，固定成本可以被視為變化不大，那麼新增的產品就可以分攤更多的固定成本，從而使平均成本下降。例如，某廠商的產量增加了一倍，但成本卻沒有成倍增加，這就說明該廠商存在著規模經濟。

既然存在規模經濟，那是不是企業規模越大越好呢？答案是否定的。企業規模越大，還有可能會產生規模不經濟。所謂規模不經濟，是指隨著企業生產規模擴大，平均成本上升，企業收益下降，造成這一現象的原因，可能是內部結構因規模擴大而更趨複雜，這種複雜性會消耗內部資源，使規模擴大本應帶來的好處相互抵消。

規模大，效益並不一定好。因為規模大有規模大的弊端，人多了當然就不好管理，資訊傳遞的成本也就增加了。以前你可以

直接告知某人怎麼做，可是現在你就不能面對面說了，只能讓下面的人去說，這樣信息就可能失真。總之，造成規模不經濟最重要的原因，就是管理的低效率。

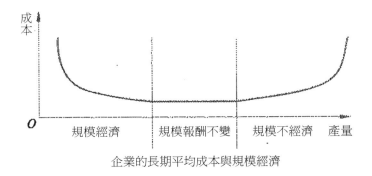

企業的長期平均成本與規模經濟

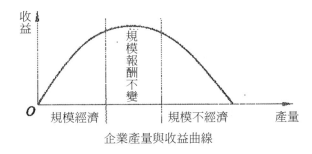

企業產量與收益曲線

※ 規模經濟與規模不經濟

　　苻堅的90萬大軍敗給東晉的8萬大軍，充分說明規模不經濟的存在及其所帶來的危害。其實，歷史上很多以少勝多的例子，都是因為規模經濟戰勝了規模不經濟。

當然，一般情況下，只要是擴大規模都能產生規模經濟，因為規模大了，可以使用更先進的技術。而且有利於專業分工，最重要的是在購買生產原料以及在產品銷售方面，有了更大的優勢，也就是說成本可以下降。

　　但要想實現規模經濟，還有一個隱含的前提，那就是規模是市場需要的，也就是說，超出市場需求的大規模可能是不經濟的，這種大規模所帶來的成本上的優勢（例如採購數量上的折扣），也許無法彌補需求不足所帶來的損失。最簡單的例子就是去超市採購促銷商品，本來你只想買10個雞蛋，但超市正在促銷，買20個雞蛋可以打8折，結果你多買的10個雞蛋因為保存太久了，壞了，最後只能扔掉，仔細算下來，你雖然少花了4個雞蛋的錢得到了20個雞蛋，但真相卻是，你白白浪費了6個雞蛋的錢。古人所謂的「貪多必失」就是對規模不經濟的具體說明。

KEYWORDS 30
外部性

KEYWORDS 31
公共設施

　　前面我們曾經介紹過市場失靈這個關鍵詞,當時,並未多講一些失靈的原因。在這裡,我們透過兩個故事來重溫一下這個關鍵詞,並藉此討論經濟學中的另一個重要概念——外部性。

　　20世紀初的某一天,列車在綠蔭盎然的英國大地上奔馳,車上坐著英國經濟學家庇古(Arthur Cecil Pigou,1877－1959),他一邊欣賞著窗外的風景,一邊對著同伴說:「列車引擎噴出的火花(當時是蒸汽機)對田中的麥穗造成損害,導致農民損失,但鐵路公司卻不必賠償農民們因列車經過所造成的損失。」這正是市場經濟的無能為力之處,也是一種形式上的市場失靈。

　　1971年,美國經濟學家喬治‧斯蒂格勒(George Joseph Stigler,1911－1991)和阿爾奇安(Armen Albert Alchian,1914－2013)同遊日本,他們在高速列車(這時已電氣化)上見到窗外的稻田,想起了庇古當年的感慨,就問列車長:「鐵路附近的農田是否受到列車的損害而減產?」列車長說:「恰好相反,快速奔馳的列車把會吃稻穀的鳥類嚇走了,農民反而受益。」當然,鐵路公司也不能向農民收「驅鳥費」,這同樣是市

場失靈形式的一種。

同樣一件事情，在不同的時代背景或地區結果是完全不同的，兩代經濟學家的感慨也截然不同，但從經濟學的角度看，無論列車對稻田造成好的還是壞的影響，都可以用一個詞來說明——那就是「外部性」。

外部性的概念是由馬歇爾（Alfred Marshall，1842－1924）和庇古在20世紀初所提出的概念，是指一個經濟主體（生產者或消費者）在自己的動作中對周圍的福利產生了一種有利或不利的影響，這種有利影響得到的利益（或收益）或不利影響造成的損失（或成本）都不是生產或消費者本身所獲得或承擔的。正是因為「外部性」的存在，才使得市場經濟體制不能很好地發揮其優化資源配置的基本功能，從而出現市場失靈的現象。

正如前面兩種案例所表明的，外部性可以分為負外部性（如英國列車）和正外部性（如日本列車）。舉個負外部性的典型例子，工廠在生產中所排放的廢氣或廢水，會造成的社會成本，包括：政府處理污染的預算、生態環境的破壞以及人類的健康危害……等，因此，政府必須對污染進行約束與管制。

再來說一下正外部性的典型例子——修建在岸邊的燈塔。為了確保船隻航行的安全所以必須在岸邊建造燈塔，當燈塔修建

好之後，所有經過此處的船隻都可以受益，但負責修建的單位卻
不可能向受益於燈塔的每一艘船收取使用費。因此，很多經濟學
家認為，最好的方式就是由政府來修建燈塔，而非私人企業或個
人，而這就是所謂的公共設施。

所謂的公共設施，是指公共使用或消費的物品。判斷是否
為公共設施有兩種方式：一是非競爭性；二是非排他性。所謂
非競爭性是指任何人對公共設施的使用並不會影響別人同時也使
用該產品。非排他性則是指任何人在使用一種公共設施時，不能
排除其他人使用此一物品（不論他是否付費），或者排除的成本
很高。而建造岸邊的燈塔，往來船隻都可以使用，這就是非競爭
性。如果要想讓其中一艘船不能用，那就必須派艦艇驅逐，要
不然就把燈塔燒毀，但其成本都很高，也沒有必要，這就是非排
他性。

外部性的存在導致市場失靈，所以需要政府管制，而政府管
制的方式之一就是由政府來提供大家所需的公共設施。

KEYWORDS 32

搭便車

匡衡是西漢時期著名的經學家（專門指稱闡釋、註解、研究與宣傳儒家經書的學者），是漢元帝在位時的宰相。匡衡小的時候家境清寒，每天都要去田地裡幹活，只有中午的時間可以休息，因匡衡好學，所以只要一有空閒，就死巴著書不放，但匡衡心裡很矛盾，因為白天去田裡工作就沒時間看書，本來晚上可以讀書，但又付不起燈油錢，怎麼辦呢？

一天晚上，匡衡悠哉地躺在床上看書，看著看著，他突然看見牆壁上透出一點亮光，他心頭一震，立刻跑到牆壁邊，原來這光是從鄰居家透過來的。匡衡欣喜若狂之餘，拿了一把小刀把牆縫挖得更大些，讓牆壁透出更多的光後，他就可以藉由這些光來讀書了。這就是匡衡鑿壁偷光的故事。從現代經濟學的角度來說，匡衡這是在搭隔壁鄰居的便車。

「搭便車」這個概念是由美國經濟學家曼瑟爾・奧爾森（Mancur Lloyd Olson, Jr，1932－1998）在 1965 年發表的《集體行動的邏輯：公共財和群體的理論》一書中提出來的，基本概念是不付任何成本而坐享他人之利。匡衡沒有付出成本卻可以享用

鄰居家的燈光，這就是一種搭便車的行為。搭便車現象之所以會發生，就是因為前面所講的「正外部性」。

其實在生活中，我們也很常遇到搭便車的事件，例如，一個人在自己的院子裡放煙火，而附近看見這煙火的人卻很多，這些人就搭了便車；你家樓梯間裡的燈泡壞了，你好心的去換了一個燈泡，它在方便你的同時也方便了你的鄰居，你的鄰居就算搭了便車；公司職員罷工獲得了勝利，老闆給員工加薪，這對所有員工來說都是好事，包括那些沒有參與罷工的人，這一部分人也是搭了便車；你向老闆提出員工旅遊的建議，老闆同意了，其他員工就是搭了你的便車……。

在生活中相信許多人都想搭便車，但是對於企業來說，如果所有人都想搭便車，只想坐享其成而不想付出，那麼企業就無法運轉下去。一般情況下集體行動的人數越多，越容易出現搭便車的問題，所以如果發現集體行動的人數太多，不妨把這些人分割成幾個小組織，這樣就可以儘量減少搭便車的現象。因為組織成員之間關係緊密，很少有人會搞小動作，不付任何成本的讓其他人去為自己爭取利益。企業管理者也不妨在安排工作時，針對每個人做適當分配，不給搭便車者有投機取巧的機會。

壟斷

　　我們先來看一個笑話，某間電信公司的一位執行長回到故鄉看望老朋友，因為甚感疲憊，所以他剛下車就進了一家旅館，為了好好休息一下，他想先洗個熱水澡再躺下休息，由於旅館的經費有限，所以只有共用澡堂。

　　執行長來到澡堂門口，剛要進去就被一個服務生叫住：「先生，使用澡堂的費用是50元，我們會提供您盥洗用具。」執行長愣了一下，心想，這個旅館真黑心！但礙於面子，執行長還是給了錢。才剛要進去，又被服務生叫住：「先生，對不起，為了您物品的安全，我們每個置物櫃都要收20元的保管費。」

　　執行長有些火大了，但為了能儘快洗個澡，還是交了錢，服務生又說了：「您選的置物櫃空間比較大，所以您必需再交10元的使用費。」執行長有點惱怒了，但還是忍住，說：「那鑰匙就不用交錢了吧？」服務生說：「鑰匙是不用，但您置物櫃時間是計時的，到時得按時間繳費。」執行長只能苦笑，心想以前這個地方的民風多純樸，看看現在，簡直就是一家黑店。

　　執行長無奈地把所有錢都付了，便說：「這下我總可以去洗澡了吧？」服務生笑著說：「當然可以，您請。」執行長氣急敗

壞地瞪了他一眼，邁著步伐往裡面走，這個時候，又傳來服務生的聲音：「對了先生，我忘了告訴您洗澡時間是計時的，每10分鐘按10元的價格收費。

「夠了！夠了！澡我不洗了。」執行長氣瘋了，轉頭就走，嘴裡還嚷嚷著「這輩子再也不來這家旅館了！」可是他還是被服務生攔了下來，執行長生氣地對著他喊：「難道不洗了，還得付錢嗎！」服務生微笑地說：「是啊，您要是不洗了，那您還是得交置物櫃的錢，這樣您以後才不用再向我們交任何保管費用。」執行長和服務生吵了起來，過了一陣子，經理聽到吵鬧聲趕來，了解事情的來龍去脈後，說了一句讓執行長啞口無言的話：「就像你們電信業，洗澡在我們這裡也是壟斷經營的。」

這個笑話道出了人們對於壟斷性行業的痛恨與無奈。那麼什麼是壟斷呢？壟斷就可以這麼囂張嗎？在經濟學中，壟斷是與競爭相對應的一個概念，壟斷行為是指排除、限制競爭以及可能排除、限制競爭的行為。有意思的是，壟斷往往來自於自由競爭，因為競爭越激烈，有實力的企業越有優勢採取價格戰等手段來打壓競爭對手；但壟斷地位一旦形成，掌握市場定價權之後，往往又會反過來破壞競爭。

一般認為，壟斷的意思就是進入障礙。進入障礙產生壟斷的原因有三種：一、資源壟斷，即關鍵資源或技術由一家企業擁有，例如：微軟、Google等公司；二、政策性壟斷，即政府給予

一家企業排他性的生產某種產品的權力，例如：台灣菸酒公賣局；三、自然壟斷，即由一個企業單獨提供商品或服務，例如：台灣電力公司、自來水公司等。

在經濟學中，壟斷可以分為完全壟斷和寡占壟斷。當市場上只有唯一的供應商時，就叫完全壟斷。當市場上只有極少數幾家供應商時，就叫作寡占壟斷。像是高速公路收費系統ETC是完全壟斷；中油、台塑則是寡占壟斷。

在一般情況下，壟斷行業都占著別人享受不到的資源，憑藉著自己的壟斷地位和特權，通過高收費或高價格來獲取高額的利潤。如果不加以約束，就會使民眾遭受損失，所以政府企業民營化政策就是為了打破壟斷，建立有效的競爭市場體系，逐步形成開放、有秩序競爭的市場環境，台灣幾家電信公司就是很好的例子。

PART

消費經濟學——
決不輕易上商家的當

KEYWORDS 34
偏好

　　毛澤東喜歡吃紅燒肉，他常常這麼說：「吃點紅燒肉，補補腦子。」中華人民共和國成立之後，醫生為了他的健康，曾經就吃紅燒肉一事跟他約法三章：第一，要吃就吃瘦肉，不要只吃肥肉；第二，以更換口味為主，不要一次吃得太多；第三，營養夠了就好，不要天天都吃。毛澤東答應了醫師的約法三章，但一直到他去世之前，他都沒有改掉吃紅燒肉的習慣。

　　鄧小平的口味則略有不同，他對福建菜中原汁原味的海鮮情有獨鍾。北京菜傳人胡麗妹就曾經說過，當年由鄧小平主持的國宴，菜色簡直就是大雜燴，不僅有北京菜，而且還有福建菜、湖南菜等等，充分展示了南北各大菜系的風味特色。鄧小平可謂是南北通吃。

　　每個人都有自己的偏好和選擇，例如，有的人喜歡這樣的衣服，有的人喜歡那樣的衣服；有的人喜歡這樣的人，有的人喜歡那樣的人。蘿蔔白菜各有所愛，就是這個道理。一般來說偏好無所謂好與壞，既然蘿蔔白菜各有所愛，你就不能說白菜比蘿蔔強。愛好運動的人說運動可以強健身體，但是喜歡安靜的人卻

說，千年烏龜之所以長壽就是因為牠不好動，所以不動也可以養生。

偏好是非常主觀的東西，也是一個相對的概念。它是潛藏在人們內心的一種情感和傾向。人之所以會對一個東西產生不同的看法和感受，跟他所受的教育、文化背景、經濟基礎等有關。由於每個人的偏好不同，所以每個人的行為選擇也不同。

偏好是經濟學中的最基本的假設，是指消費者對商品或商品組合的喜好程度。每一個消費者都擁有一個特定的偏好，消費者基於偏好對商品做出主觀的價值判斷，並據此對商品及其數量組合所帶來的滿足程度的大小進行排序。

從上述偏好的定義可知，消費者對於商品的偏好是非常主觀、難以捉摸的。那麼，如何對不同的偏好進行比較呢？為此，美國經濟學家保羅・薩繆森（Paul Anthony Samuelson，1915－2009），提出了這樣的理論：消費者在一定價格條件下的買賣行為，暴露了或顯示了他內在的偏好傾向。因此，我們可以根據消費者的買賣行為來推測消費者的偏好。

假設某人有兩種消費選擇：買兩個蘋果和3根香蕉，或者買3個蘋果和2根香蕉。如果兩種選擇的費用一樣，而他選了前者，那就表示他偏好前者。該理論進一步顯示，偏好是帶有傳遞關係

的。如果我們有ＡＢＣ三個選擇，而偏好Ａ多於Ｂ、Ｂ多於Ｃ。那就說明我們對Ａ的偏好多於Ｃ。有了這個理論，消費者的不同偏好之間就有了可以進行比較的基礎，微觀經濟學就是建立在這一系列的假設基礎之上的。

著名經濟學家斯蒂格利茨（Joseph Eugene Stiglitz，1943－），曾經講過一個利用偏好辦案的故事。

有一個名叫史蒂文森的罪犯在犯罪後潛逃他國。經過偵察，將可能的嫌疑對象鎖定為加拿大的布朗、法國的葛朗台和德國的許瓦茨，並拿到了這三名嫌疑犯的起居、消費記錄。大偵探福爾摩斯接受了此案，但在幾經分析之後，因為沒有新的發現，只好宣佈證據不足，無法定案。這時他的朋友薩繆森正好在一旁，他研究了史蒂文森和三名嫌疑犯的消費記錄之後發現：

史蒂文森在潛逃之前每週消費10公斤香腸和20升啤酒，啤酒每升1磅，香腸每公斤為1磅。

布朗每週消費20公斤香腸和5升啤酒，啤酒每升1加元，香腸每公斤為2加元。

葛朗台每週消費5公斤香腸和10升啤酒，1升啤酒和1公斤香腸均為2法郎。

許瓦茨每週消費5公斤香腸和30升啤酒，1升啤酒1馬克，1公斤香腸2馬克。

薩繆森在做出四個人的預算之後，分析指出，除非史蒂文

生改變其偏好，否則布朗不必受到懷疑（因為布朗所消耗的香腸比例大於其啤酒比例，其他三人則都相反）。在剩下的兩名嫌疑犯中，薩繆森又指出史蒂文生選擇前往某地，其處境一定比以前好。只要其偏好未改變，他就一定是德國的許瓦茨（因為葛朗台的總消費水準與史蒂文生相似，而許瓦茨則更大。）後來經過追查，罪犯果然是許瓦茨。

故事自然是虛構的，但卻說明了一個道理：一個人的消費偏好一旦確定，往往難以更改。即使他的生活條件發生了改變，也往往會傾向於選擇一種更好的處境，而不會改變其消費偏好。

KEYWORDS *35*
效用

KEYWORDS *36*
邊際

美國總統羅斯福連任三屆後，曾有記者問他有何感想。總統一言不發，只是拿出一塊三明治請記者吃，這位記者不明白總統的用意義，又不便問，只好吃了。接著總統拿出第二塊，記者還是勉強吃了。緊接著總統又拿出第三塊，記者為了不想撐破肚皮，趕緊婉言謝絕。這時羅斯福總統微微一笑：「現在你知道我連任三屆總統的滋味了吧！」

這個故事揭示了經濟學中的一個重要原理——邊際效用遞減。要想弄清楚這個原理，我們必須要先瞭解經濟學上兩種非常重要的概念——效用和邊際。

所謂效用，是指商品滿足人的欲望的能力，即指消費者在消費商品時所感受到的滿足程度。從這個定義可知，效用是一種主觀心理感受。這一點可以用下面的故事來說明：

兔子和貓爭論，世界上什麼東西最好吃。兔子說：「世界上最好吃的東西是青草。」

貓不同意，說：「世界上最好吃的東西是老鼠。老鼠的肉非

常鮮嫩，味道好極了。」

兔子和貓都堅持自己的意見，爭論了很久，最後只好去找猴子評理。

猴子聽了，不由得大笑：「我告訴你們吧，世界上最好吃的就是桃子。」

這個故事告訴我們，偏好不同，決定了人們對同一種商品效用的不同評價。

理解了效用，我們再來說說邊際。所謂「邊際」，可以簡單理解為單位效用，即每增加一單位消費所增加的滿足程度。我們仍從羅斯福總統讓記者吃三明治說起。假定記者吃一個三明治的總效用是10單位，吃2個三明治的總效用是18個單位，吃3個三明治的總效用還是18個單位。那麼，記者吃掉第一個三明治的邊際效用就是10，吃掉第二個三明治的邊際效用是8，而吃掉第3個三明治邊際效用就是0。這說明，記者隨著吃掉的三明治數量的增加，邊際效用是不斷遞減的。為什麼記者不願再吃第三個三明治，因為他已經吃撐了，再吃也不會增加任何效用，邊際效用幾乎為零或者是負數。現在，我們的生活富裕了，我們都有「即使天天吃著山珍海味也吃不出當年餃子的香味」的體驗，這就是邊際效用遞減規律在產生作用。

作為消費者，我們一定要明白，邊際效用遞減的規律。任何商品都不要貪多，要以效用最大化作為原則。

消費者剩餘

在南北朝的時候，有個人叫呂僧珍，世代居住在廣陵地區。因為他為人正直、品德高尚，又有謀略和膽識，所以深受人們的喜歡和愛戴。人們都喜歡接近他，可謂是遠近聞名。在當時，有個官員名叫宋季雅，被罷免官職後，因為對呂僧珍充滿了仰慕之情，特地在呂僧珍的房子旁邊，買了一間非常普通的房子。

有一天，呂僧珍在外面散步，正好碰見宋季雅，聊著聊著就聊起了房子的事。呂僧珍問宋季雅：「你買這個房子花了多少錢？」宋季雅回答說：「1,100兩。」呂僧珍聽完一楞，吃驚地問：「好貴啊!」宋季雅笑著回答說：「我用100兩買房子，用1,000兩買了個好鄰居。」這就是大家都知道的「千金買鄰」的故事。

1,100兩買了一間普通的房子，相信任何一個理性經濟人都不會做出這樣的選擇，可是宋季雅卻非要這麼做，因為他覺得這樣做值得。1,100兩買的不僅僅是房子，更是買了一個好鄰居，這才是最重要的事情。

從這個故事中，我們可以引申出消費經濟學中一個非常重要的概念——消費者剩餘。消費者剩餘可以理解為消費者淨收益，是指消費者在購買一定數量的某種商品時，願意支付的最高總價格和實際支付的總價格之間的差額。用公式來表示如下——

消費者剩餘＝願意支付的價格－實際支付的價格

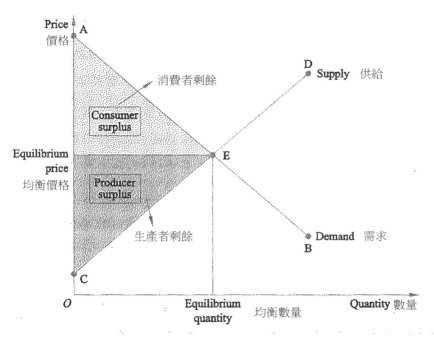

※ 消費者剩餘

消費者剩餘衡量的是消費者自己感覺到所獲得的額外利益。舉個例子來說：

在一個小型拍賣會上，有一張絕版的傑克森專輯在拍賣。小王、小趙、老孫、老周四個人同時競價。他們每個人都想得到這張專輯，但每個人想出的價格又有所不同，小王願意支付500元，小趙為400元，老孫是350元，老周只想出200元。

拍賣會開始，拍賣者首先給出最低價為100元，由於每個人願意出的價格遠遠高於100元，所以價格很快上升，當價格來到350元的時候，老周不再參與競拍。當價格提升到400元，老孫也退出了競拍。最後，當小王願意出450元時，競拍結束了。因為小趙不願出450元獲得這張專輯。競拍的結果是：小王以450元得到了這張絕版的傑克遜紀念專輯。

那麼，小王究竟從這張專輯中獲得了什麼收益呢？實際上，小王願意為這張專輯支付500元，但他最終只支付了450元，比預期要少50元。這個節省下來的50元，就是小王的消費者剩餘。一般情況下，我們在購買商品時，都希望以低於自己願意支付的價格成交，而不願意以高於支付意願的價格成交。宋季雅之所以願意拿出1,100兩來買房子，說明這1,100兩仍然是在他可以接受的價格範圍。

我們在購買某一種商品的時候，都對商品有一種主觀評價，這種主觀評價表現為：他願意為這個商品所支付的最高價格。這

個價格是由這個商品的性價比來決定的。在多數情況下，消費者剩餘越多，人們越有購買這個商品的欲望。反之，欲望則會降低，因為大部分人更願意從中得到更多的實惠。

　　在市場經濟中，很多商家為了讓自己賺取更多的利潤，會儘量讓消費者剩餘成為正數或者更多，於是採取薄利多銷的銷售策略，以此來吸引更多的消費者前來購買。但是，對消費者個人而言，也要擦亮眼睛。有些商家為了迎合人們的這種心理，在提升了價格之後再打折，這樣看似消費者剩餘多了很多，但實質上還是虛假的，所以一定要小心。

KEYWORDS *38*
需求彈性

    文莉大學畢業後不像其他同學一樣去找個穩定的工作，而是在縣城租了一個門面，開了一家服裝店。不管成不成功，她都想試一試，不僅為了賺錢，更是因為自己喜歡。她第一次去北京進貨後，就準備大展身手。但是令她煩惱的是，開業半個多月了，也沒賣出去幾件衣服。在文莉看來這些衣服不僅款式好，而且價格也比別人低很多，可是為什麼還是賣得不好呢？這讓文莉很困惑。

    後來在友人的指點下，她重新裝修了門面，做了一個醒目的廣告牌，還配上了音響，不僅如此，她還把服裝價格提了上去，從原來的幾十元提到兩、三百元。做完這些之後，文莉驚喜地發現，來她店裡買衣服的人竟然多了起來，服裝銷量也與日俱增。文莉有些不明白了，為什麼價格低賣不出去，價格高了反而能賣出去呢？

    為了瞭解這個問題，我們需要先明白一個概念——彈性。

    需求規律表明，一種商品的價格下降會引起該商品需求量

的增加，需求價格彈性，就是衡量商品的需求量對其價格變動的
反應程度。如果一種商品的需求量對價格變動的反應比較大，就
說明這個商品的需求是富有彈性的。反之，如果反應比較小，則
說明這個商品的需求是缺乏彈性的。我們可以用下面的公式來表
示：

需求價格彈性＝需求量變動的百分比／價格變動的百分比

當價格彈性大於1時，說明需求量是富有彈性的；當價格彈
性小於1時，說明需求量是缺乏彈性的；當價格彈性等於0時，
說明這個商品的需求一點彈性也沒有。假設霜淇淋的價格上升
10%，使得你購買霜淇淋的數量減少20%，那麼，你的需求價格
彈性為2。一般而言，需求價格彈性越大，意味著需求量對於價
格越敏感。

在日常生活中，有很多商品是缺乏彈性的，例如，糧食。
很少人會見到糧食打折銷售，因為糧食是缺乏彈性的，無論價
格高低，人們對糧食的需求量基本都是固定的。一般情況下，生
活必需品傾向於缺乏需求彈性，而奢侈品傾向於富有需求彈性。
例如，大藥房的藥，藥價上升還是下降都不會影響人們的購買，
因為這些藥都是必須的，不能不買。但衣服就不一樣了，價格高
了，消費者會認為是衣服的質量好，所以會提高購買欲望。

另外，商品有可以替代的物品，則需求會富有彈性。因為消費者可以不買這個東西，而去買另外一個東西。例如，香蕉價格高了，他可以選擇購買橘子。

　　有的商品也會隨著時間推移而變得富有需求彈性，例如，汽油價格上漲了，剛開始的時候，汽油的需求量只會略有減少，但時間久了，人們就會轉向其他交通工具，或者購買更省油的車。幾年之內，汽油的需求量就會大幅度減少。

　　現實生活中，如果你開了一家店，考慮要不要打折促銷時，必須充分瞭解你所經營的商品是否富有需求彈性。如果是富有彈性的，那就可以進行打折促銷，如果是缺乏彈性的，那就別打折促銷了，因為降價再多也不會吸引多少顧客來。

KEYWORDS 39
收入效應

KEYWORDS 40
替代效應

　　我們到市場買水果，一看柳橙的價格降了，而蘋果的價格沒有變化，你會怎麼想呢？在降價的柳橙面前，蘋果好像變貴了似的，也許我們就會多買些柳橙，而不買蘋果。

　　由此看來，一種商品的價格變化，例如，價格降低，會產生兩種效果：一是商品價格下降，相當於實際收入提高了，會賣更多的商品，從而獲得更多的滿足，經濟學家把這叫作收入效應；二是一種商品價格降低了，由於別的商品價格沒變，與價格下降了的商品相比，相當於別的商品實際價格上升了，所以你會多買價格下降的商品，來代替價格沒變的商品，經濟學家把這叫作替代效應。

　　不管是發生了收入效應還是替代效應 還是兩者同時都發生了，總而言之，由於這兩種效應的作用，當一種商品的價格下降時，其購買量會增加，反之當價格上升時 其購買量會減少。這是人人憑生活經驗就可以感受到的需求規律。

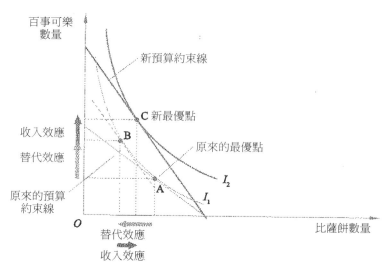

※ 收入效應與替代效應

　　為了更直接地理解收入效應和替代效應的區別，經濟學家們通常會使用下面這個故事。

　　一個朋友雖然事業蒸蒸日上，但為特別愛哭鬧的小寶貝傷透了腦筋，兩夫妻為此想了不少辦法，但收效甚微，經過一段時間的摸索，最後總算找到了一個偏方：小寶貝特別愛吃一種小顆粒的糖果，也愛玩小球，所以每當小寶貝快要哭的時候，就給他一兩種小球或吃幾顆糖，小寶貝很快就會安靜下來，若多給一些球或糖，小寶貝甚至還會高興得手舞足蹈。為了不讓小寶貝哭，夫妻倆每週至少得花費54元，包括購買105個，價格0.25元的小球和約280顆價格為0.1元的糖果。

　　有一天，他們雇了一名保姆專門照顧小寶貝，基本要求是

不能讓小寶貝哭，當然每週的預算仍然是54元左右，一個多月以後，小球降價了，由原來的0.25元降到0.15元，保姆當然很高興，因為現在買105個小球不需要26元了，而只需要16元，每週可以省下10元，但保姆沒有把省下的錢交還給主人，而是進了自己的荷包，算是賺點「小費」。就這樣，降價後保姆每次花大約44元買105個球和280顆糖，並賺了10元小費，主人全然不知。日復一日，但保姆總想著，既然球降價了，為什麼不多買一點球，而少買一些糖。經過不斷嘗試，她覺得花44元，買145個球和220顆糖效果最好，不僅能制止小孩哭泣，有時還會看到小孩的笑臉。

一次週末，保姆來到正在上經濟系研究所的哥哥家串門子，並洋洋得意地把在主人家的故事講給哥哥聽，哥哥聽了之後，覺得很有意思，誇妹妹有心眼，但仔細想想，這種心眼還不夠，因為讓小孩高興雖然好，但這並不是妹妹的本職工作。她完全可以在不讓小孩哭泣的前提下，更好地組合球與糖，省下更多的錢，賺更多的「小費」。經過哥哥的指導，妹妹覺得言之有理。回去之後，保姆又經過不斷嘗試，她每次買大約140個球和210顆糖，花費約42元，就能保證小孩不哭，結果，每次可賺約12元「小費」，比之前多賺了2元。

轉眼間已是春節將近，保姆打算回家過年，期間只能由主人去買東西和照顧小孩。她知道，如果主人去買東西，必然會讓自己賺「小費」的事情暴露。為此，她以退為進，開始將每次能省下的12元分文不要，即把主人所給的54元全部購買球和糖，至於購買的數量，經過嘗試，最後覺得每週買180個球和270顆糖，能使小孩最高興，見此情景，主人當然非常高興，誇獎保姆很能幹，保

姆也將球降價的事告訴主人，還因此獲得了「誠實」的美名。

這個故事揭示了消費中的替代效應和收入效應，由於小球的價格下降，保姆手中的54元可以購買更多的小球了，這就是收入效應。同時，相對於小球價格下降而言，糖的價格上升了，所以保姆會減少糖的消費而增加小球的消費，這就是替代效應，其最終的影響是：小球的消費增加了75個，而糖的消費減少了10顆，這就是小球降價所帶來的全部效應。

運用替代效應和收入效應，可以解決生活中的很多問題。例如，工作和休息的平衡。如果現在給你加薪，你會用更多的時間工作還是休息呢？對於這個問題，經濟學是這樣分析的：一方面，由於薪資上升，你可以用更少的時間獲得同樣的收入，所以會減少工作時間，增加休息時間，這就是調漲薪資的收入效應；另一方面，薪資上漲會提高休息的機會成本，意味著休息的代價更高了。這種情況會讓你減少休息時間，增加工作時間，從而獲得更高的收入。這兩種效應的方向是完全相反的，最後的選擇取決於收入效應和替代效應二者誰的力量更大。

從社會總體情況來看，隨著薪水的上漲，我們每個人的休息時間是不斷增加的，在以前從來沒有「週末」這種說法，現在的工作制就是收入效應的作用。但對一些薪資較高的行業來說，例如，IT產業，休息時間反而比別的傳統行業還要少很多，加班是常有的事情。再例如，很多創業者恨不得一天24小時都在工作，這就是替代效應的作用。

KEYWORDS *41*

吉芬商品

　　美國作家羅伯特‧西奧迪尼 (Robert B. Cialdini)曾寫過《影響
力》一書，書中記載了這樣一個有趣的故事。

　　在美國亞利桑那州的一個旅遊勝地新開了一家珠寶店，因為
正值旅遊旺季，所以珠寶店的生意非常興隆，各種價格高昂的銀
飾和珠寶都賣得很不錯，但是有一種珠寶卻乏人問津，這就是光
澤盈潤、價格低廉的綠松石。為了儘快將它賣出去，老闆想了很
多辦法，但還是脫不了手。

　　在一次進貨之前，焦慮煩躁的老闆想要虧本處理掉這些無人
問津的綠松石。臨走之前，他給店員留下了一張紙條，紙條的內
容是：所有綠松石珠寶的銷售價格都乘以二分之一。等他進貨回
來的時候，竟然發現綠松石全部售罄。正當他為自己的銷售策略
沾沾自喜時，店員卻告訴他這些綠松石提高價格以後竟然成了店
裡的招牌貨。提價？老闆一愣，原來粗心的店員把紙條上的乘以
二分之一，看成了乘以二。

　　按照一般的供需規律，商品價格上漲，它的需求量會隨之

下降。可是，為什麼綠松石的價格漲了一倍，卻反而被搶購一空呢？原來供需關係也是有例外的，像例子中這樣的商品，就是吉芬商品，它跟別的商品不一樣，它的價格上漲了，銷售量也跟著上漲。

吉芬商品的定義源於19世紀英國經濟學家羅伯特‧吉芬（Sir Robert Giffen，1837－1910）在愛爾蘭發現的怪現象。1845年，愛爾蘭遭遇了百年不遇的大饑荒，很多商品的價格急劇上漲，人們面對這些商品只能遠觀而不敢購買，但是有一種商品卻例外，那就是馬鈴薯。雖然馬鈴薯的價格也上漲了好幾倍，但是老百姓對它的消費不僅沒有減少，反而增加了。羅伯特‧吉芬把這種價格上漲而需求量也隨之上升的經濟現象叫作「吉芬現象」，這種商品就叫吉芬商品。

為什麼愛爾蘭馬鈴薯會出現吉芬現象呢？在饑荒的特殊時期，麵包、豬肉、馬鈴薯等商品的價格都上漲了，但是人們的收入卻大大減少。人們買不起麵包和豬肉，相對便宜的馬鈴薯便成了首選，因為吃馬鈴薯要比吃其他的食物便宜得多。在這種情況下，對馬鈴薯的需求自然就增加了，當然馬鈴薯的價格也會隨之上漲。

其實，我們身邊也到處存在著吉芬商品和吉芬現象，例如，房價越高，人們越想買房子，而房價稍有跌下來的趨勢時，人們

卻持觀望的態度。買股票也是一樣，買漲不買跌，一支股票價格
一路上揚，人們就會按捺不住地去瘋狂搶購；而當一支股票價格
下跌的時候，購買這支股票的人反而少了。經濟學家認為，吉芬
現象是市場經濟中的一種反常現象，是需求規律的例外，但它卻
是客觀存在的一種現象。

　　人們為什麼會有這樣的行為呢？其實還是源於一種恐慌心
理，商品價格不斷上漲，人們怕商品的價格以後還會再漲，漲得
更高，為了以後不後悔，所以人們總會急於出手。而當商品價格
不斷下滑的時候，人們卻不出手，生怕以後價格還會跌，現在買
就虧了，所以就出現了吉芬現象。吉芬現象還常常被商家利用，
例如，在2011年日本福島大地震過後，人們害怕核污染所以競相
買鹽巴，有的商店的鹽巴竟然賣到20元一小袋，還是有很多人搶
著購買。

KEYWORDS 42

互補商品

　　我們經常會有這樣的經驗：去手機店買手機，店員會主動推薦許多不同的購機方案。不一樣的手機配不同的方案，包括不同的優惠價格及固定必須支付的費用。但這些方案都有一個相同的目的，那就是用一年、二年或三年的通話費用，來綑綁某一種型號的手機。而這樣的情形已經成為一種既定的形式，所以當我們想要換手機時，不會只是去買一支手機，而是去挑選某一種自己能接受的綑綁方案。

　　有人開玩笑說，這是一個「消費被綑綁的時代」，超市裡麵包和牛奶的綑綁，肯德基裡漢堡和可樂的綑綁，就連大學學生證也要和銀行卡、悠遊卡綑綁，商家們為了賺取利益可謂絞盡腦汁，消費者如果稍不注意，就可能讓各種各樣眼花撩亂的噱頭，困住了你的思維。

　　有這方面困擾的還有吳小姐。她在某美髮店燙頭髮　結果美髮師向她推薦了一個優惠組合，燙髮3990元，送價值2990元的染髮和兩次護髮。吳小姐覺得這樣很划算，於是就答應了。沒想到

消費之後發現，所謂的價值2990元的染髮，用的都是劣質的染髮劑，讓自己的頭髮受到了很嚴重的損傷。吳小姐很後悔，就怪自己沒認清染髮劑的品牌，現在只能自認倒楣。

再看一下李女士的例子。她去超市買東西，發現牛奶和優酪乳綑綁在一起賣，買一送一。李女士覺得很划算，於是便買了回去，結果回家一看，原來優酪乳已經快過期了。心想幸好沒喝下去，否則拉肚子就得不償失了。

生活中我們經常合碰到各式各樣、五花八門的產品附加贈送活動，這些都屬於綑綁消費。綑綁消費的形式主要有以下幾種：商品甲和商品乙不單獨標價，以統一定價進行單獨銷售；消費者購買商品甲，可以用比市場上優惠的價格購買商品乙；統一包裝出售，商品甲和商品乙放在同一包裝裡，綑綁在一起出售。

綑綁消費實際上就是商家的一種促銷方式，有時候，商家的綑綁消費也是力圖從消費者的真實需求出發，力圖與消費者達到共贏，而不是簡單的刺激消費者的購買意願，例如，你去吃肯德基，有一個套餐，裡面有一個漢堡、兩種烤雞腿，還有一杯可樂，這三種食品綑綁在一起銷售，不僅好銷售，因為消費者覺得這個套餐既實惠又合理，而且可以給自己帶來可觀的利潤，所以是比較成功的案例。

一般而言，進行綑綁銷售的商品必須是互補商品。所謂「互

補商品」是指兩種商品之間存在著某種消費依存關係，即一種商品的消費必須與另一種商品的消費相配套。例如，戴爾公司將電腦硬體、軟體和服務支援綑綁在一起經營；微軟公司將Office系列、IE瀏覽器掛在WINDOWS作業系統上時，採取的就是一種典型的綑綁消費。綑綁消費廣泛地存在於商業活動中，不過人們並不一定能辨識出來。例如，作為交通工具的汽車與車上的音響設備構成互補產品關係，但消費者往往將它們當作為一個整體來看待；航空公司提供免費食品及行李服務時，實際上採用的也是一種綑綁消費。

KEYWORDS *43*
凡勃倫效應

　　有一天，一位禪師為了啟發他的弟子，給了他一塊石頭，叫他去菜市場，並且試著賣掉它。這塊石頭很大、很美麗。但是師父說：「不要賣掉它，只是試著賣賣它，注意視察，多問一些人，然後只要告訴我在菜市場它能賣多少錢。」弟子去了菜市場，許多人看著石頭想：它可以當作很好的小擺飾，孩子可以玩，或者可以把它當作秤菜用的秤砣。於是他們出了價，但都只不過出幾個小銅板，弟子回來告訴禪師說：「它最多只能賣幾個銅板。」師父說：「現在你去黃金市場，問問那裡的人，但是不要賣掉它只問問價錢就好。」從黃金市場回來，這個弟子很高興的說：「這些人太棒了，他們願意出1,000塊錢。」

　　師父又說了：「現在你去珠寶市場那裡，低於50萬元不要賣掉。」弟子去了珠寶商那裡，他簡直不敢相信，他們竟然願意出5萬元。弟子不願意賣，珠寶商繼續抬高價格，出到10萬元。但是這個弟子說：「這個價錢我不打算賣掉它。」於是他們出了20萬元、30萬元。這個弟子還是說：「這樣的價錢我還是不能賣，我只是問問價格。」雖然他覺得不可思議，覺得這些人都瘋了。他自己認為菜市場的價錢已經足夠了，但是臉上並沒有表現出

來。沒想到，最後他以50萬元的價格把這塊石頭賣掉了。

他一回來就把自己的想法告訴禪師，禪師說：「現在你終於明白了，這要看你是不是有試金石、理解力。如果你心中不想要更高的價錢，你就永遠得不到更高的價錢。」

在這個故事裡，師父要告訴弟子的是關於實現人生價值的道理。但從弟子出售石頭的過程中，卻反應出一種經濟現象：商品價格定得越高，越能受到消費者的青睞。它最早由美國經濟學家托爾斯坦‧凡勃倫(Thorstein Veblen，1857—1929)注意到，因此被命名為「凡勃倫效應」。

凡勃倫把商品分為兩大類：一類是非炫耀性商品；另一類是炫耀性商品。前者只能給消費者帶來物質效用；後者則能給消費者帶來虛榮效用。所謂「虛榮效用」是指通過消費某種特殊的商品，而受到其他人的尊敬所帶來的滿足感。凡勃倫認為富裕的人常常消費一些炫耀性的商品，來顯示其擁有較多財富和較高的社會地位，這種消費行為就是炫耀性消費。

炫耀性消費的目的是為了顯示財富和社會地位，簡單地說，就是他買這個東西 不是為了使用，而是為了炫耀自己的身份。消費心理學研究顯示，商品的價格具有排他作用，能夠很好地顯示出個人的收入水準。利用收入優勢，通過高價消費的方式，高層次者常常能夠有效地把自己與低層次者分開。

　　在現實生活中，有很多這樣的人。他們喜歡寶貴的東西，覺得越貴的越好，越貴的越能顯示自己有錢，所以他們會去買高級的轎車、昂貴的手機、超大的房子，甚至吃一頓天價的晚餐。他們的目的只有一個，就是給別人看，為了面子和內心的虛榮感。自然，如果確實有錢、確實有地位，這種消費行為和消費心理也無可厚非，但是如果沒錢還追求這些虛無縹緲的東西，那不是自己找罪受嗎？更重要的是這種盲目攀比、競相炫耀的行為，並不能給自己的身份帶來真正的提升，也不可能贏得別人發自內心的尊崇和欽佩。

棘輪效應

　　商朝的時候，紂王剛剛即位，黎民百姓都寄希望於這位精明的國君，可以給自己帶來幸福美滿的生活，把國家治理得堅如磐石。有一天，紂王讓工匠給自己做了一雙象牙筷子，做好了就用它來吃飯。紂王的叔叔箕子看見了，很不高興，就勸他把筷子收起來不要再用了。但是紂王絲毫沒把箕子的話放在心上，照樣我行我素。他想：這種事情算什麼？區區小事而已，滿朝的文武大臣都沒提出異議來，你算哪根蔥啊！

　　在以後的日子裡，箕子每天憂心忡忡、殫心竭慮。有的大臣感覺非當納悶，這種小事至於嗎?於是便問他原因。他說：「紂王現在用的是象牙筷子，以前的土製瓦罐扔在一邊了，那以後他就得用犀牛角做成的杯子和美玉製成的飯碗，這些用過之後，他還會吃粗茶淡飯嗎？以後大王的餐桌上擺的不是珍奇異品，就是山珍海味，吃著這些東西，他穿的就得是綾羅綢緞了，住的就是富而堂皇的宮殿了，難道這些他就滿足了嗎？不會的，他還要大興土木廣建棲台亭閣，到時候還是老百姓受苦，最重要的是江山也許就完蛋了！

　　正如箕子預言的那樣，五年之後商紂王奢侈至極，嚴刑桎梏下的百姓們怨聲載道，商朝的五百年基業就這樣敗了。

　　實際上，箕子的擔憂是有道理的。人的欲望是無止境的，人一旦有了欲望，就會想盡辦法地滿足自己的欲望。其實這也是人的一種本性，誰都會去追求越來越好、越來越豐足的生活。這恰恰也說明了經濟學上的一個道理，就是棘輪效應。

　　棘輪效應是經濟學家詹姆斯‧杜森貝里（James Stemble Duesenberry，1918—2009）提出的，它指的是人的消費習慣一旦形成，就具有了不可逆性。而且很容易向上調整，不容易向下調整。尤其是在短時間內，消費是不可逆的。其習慣效應也是非常大的，這種習慣效應取決於他的相對收入，也就是相對於自己以前的最高收入額。

　　生活中，會發現有這樣的人，他們花錢十分大手筆，買名牌衣服、住昂貴的酒店，即使收入不是那麼高，有的甚至口袋裡沒有幾個錢。其實，這跟他們以前的生活狀態有關，以前他們必定有一段時間生活比較富裕，口袋裡有不少的錢。這種情況下，消費水準就上去了。又因為棘輪效應的存在，他們的消費習慣上去了就不容易下來，即使現在不像以前那麼有錢，但還是改不了。這也正應了一句古話：由儉入奢易，由奢入儉難。

　　棘輪效應是客觀存在的現象，但我們往往會忽略它的存在。對於我們每個人而言，都要提醒自己保持適度消費，如果不限制自己的欲望，過度的奢侈浪費，必然會讓富不過三代的說法變成現實，也必然出現「君子多欲，則貪慕富貴，枉道速禍；小人多欲，則多求妄用，敗家喪身。是以居官必賄，居多必盜」的現象。

KEYWORDS *45*
稟賦效應

　　心理學家丹・艾瑞里（Dan Ariely，1968年一）做過這樣一個試驗：他抽籤分給學生們一場重要籃球比賽的門票，隨後他問沒有得到票的學生願意花多少錢買一張票，大多數人的出價在170美元左右。然後他再問那些抽到了票的學生，願意以多少錢出售他們的票，結果他們的平均售價為240美元。這個實驗表明，們擁有某種東西的事實顯然賦予了這個東西額外的價值。這就是經濟學上的稟賦效應。它是指一旦某物品成為自己擁有的，人們傾向於給予它更高的估價。生活中所謂的敝帚自珍就是典型的稟賦效應。

　　行為經濟學的代表人物丹尼爾・卡尼曼（Daniel Kahneman，1934－）等人曾經設計了一個很有意思的實驗，通過買賣價格來解釋稟賦效應。他們讓第一組（賣方）的組員每人先得到一個咖啡杯，然後問他們願意出售這個杯子的最低價格是多少；第二組（買方）沒有杯子，但要回答願意出多少錢來買這個杯子；第三組（選擇者）可以選擇是接受一個杯子，還是一筆錢（他們的選擇表明那筆錢和得到的杯子一樣吸引人），我們會覺得他們給出

的價格應該是沒有多大區別的，但結果是，賣方出7.12美元，選擇者出3.12美元，買方出2.87美元。賣方給杯子的定價大概是選擇者和買方心儀價格的兩倍。

稟賦效應可以用金融學中的「損失厭惡」理論來解釋。該理論認為，一定量的損失給人們帶來的效用降低，要多過相同的收益給人們帶來的效用增加。通俗地說就是，放棄的痛苦比得到同樣東西的快樂要強烈得多。因此，人們在決策過程中對「避害」的考慮遠大於對「趨利」的考慮。出於對損失的畏懼，人們在出賣商品時往往索取過高的價格。

查理‧芒格是巴菲特的合夥人和摯友，親身經歷讓他瞭解了稟賦效應。年輕時，有人提供給芒格一個非常好的投資機會，只可惜他當時手裡現金不夠。要進行新的投資，芒格必須賣掉他的股份，但他捨不得，因為稟賦效應的阻止，芒格與一筆500多萬美元的豐厚利潤失之交臂。

與芒格相比，楊致遠的損失要大得多。2007年6月，楊致遠復出重掌雅虎。2008年2月，微軟宣佈以446億美元整體收購雅虎，卻被楊致遠領導的雅虎認為，嚴重低估了雅虎的價值而斷然拒絕。2009年1月，楊致遠黯然退位；2009年7月29日，微軟與雅虎宣佈達成搜索廣告交易，而交易的現金價格標籤為「零」！相較一年半之前賣與不賣的針鋒相對，評論幾乎一面倒地認為微軟在這場持久戰中成了贏家。楊致遠的倔強與不賣的堅持，就是上了稟賦效應的當。

稟賦效應不僅神化了我們已經擁有的財產，甚至還會神化我們可能擁有的財產。典型的例子就是拍賣，誰參與出價到最後，誰就感覺這件藝術品可能會屬於自己。相應地，該物品對買主就具有了額外的價值。他突然願意支付比他原來打算出的更高的價格了。退出競價則會被當成損失──這顯然有違理性。因此，在大型拍賣時，經常會導致「贏家的詛咒」：拍賣的贏家反而是經濟上的輸家，因為他出價過高。當應徵一份工作但沒有成功，會很失望。如果一直堅持到了最終環節，才被拒絕，那麼失望會大得多。

　　正因為稟賦效應的存在，精明的商家找到了攻破消費者心理堡壘的利器──免費試用。例如，汽車銷售。汽車銷售通常都會讓消費者免費試駕，一方面是讓消費者體驗車子的性能，感受駕駛的樂趣；另一方面，當你試駕之後就會對車子產生感情，從而在稟賦效應的影響下選擇購買。

　　世間比「得不到」和「已失去」更珍貴的東西就是「即將失去」。在電影《大話西遊》當中，周星馳式「曾經有一份真摯的愛情擺在我的面前」的經典慨嘆，就是稟賦效應的最佳註解。有些時候，稟賦效應或許是感人的、溫情的，但在殘酷的市場競爭中，我們還是應該理性一些。

KEYWORDS *46*
交易成本

在《韓非子》裡有這樣一個故事，有個鄭國人想去趕集買雙鞋子。早上趕集之前，他用尺量了一下自己的腳，並把尺碼放在了自己的座位上，到了集市上 當他拿起鞋子的時候才想起忘了帶尺碼，於是就對賣鞋子的人說，我回家去拿量好的尺碼來。

於是鄭國人就趕著回家了。等他把尺碼拿回集市上的時候，集市已經散了。他只好兩手空空地回家了，鞋子也沒買到。有人問他，你怎麼不用你的腳試試鞋子呢？他說：寧可相信量好的尺碼，也不相信自己的腳。

這個故事相信很多人都很熟悉，用來諷刺那些固執己見、不懂變通的人。從鄭國人買鞋的結果來看，他來回跑了兩趟集市，浪費了太多的時間和精力，最終還是沒買到鞋子。從經濟學的角度來講，就是他的交易費用實在是太高了。

交易費用又叫交易成本，是由美國經濟學家羅納德·科斯（Ronald Coase，1910—2013）提出來的。是指在一定的社會關係中，人們自願交往、彼此達成合作協議所要支付的成本。例

如，去超市買東西，你需要消耗一定的時間和精力，如果你乘坐公車還得要支付一定的交通費用，自己開車還得花一些油錢，這些行為都伴隨著「額外的金錢支出」，所有的這些付出，包括時間、精力和金錢，都屬於你要買的這個東西的交易成本。

在科斯的時代，幾乎所有的經濟學家都篤信，亞當‧斯密的市場經濟體系能夠解決一切問題，因為價格機制能夠完美地調節消費者的需求和企業的生產。市場上的買賣雙方可以根據產品價格自動走到一起，達成交易。但是，科斯提出了一個非常關鍵但被人們忽視的問題：在真實世界裡，交易成本是否可以被忽視？科斯告訴我們，在真實的社會經濟世界裡，任何交易都是有成本的。例如，買房子。一般而言，要付出巨大精力、時間以及鈔票（仲介費），才能找到合適的房子。找到之後，還要和房東討價還價。這個過程中，你和買主都能深切感受到交易成本的存在。

在市場上，我們常見的批發、寄售、降價促銷等行為，幾乎都能夠用交易成本來解釋。顯然，多件商品同時交易帶來的成本低於單件交易，所以批發可以獲得更低的價格；降價促銷和打折則是希望通過增加銷售商品數量，來你彌補價格的差異。

為了降低交易成本，人們甚至不斷改變交易模式。今天，大型超市已經取代百貨商店，成為人們購物的主要場所，最根本原因就是降低交易成本。同樣地，超市今天正面臨著電子商務的巨

大衝擊，電商降低了人們的交易成本，因此，它能夠提供更加優惠的價格。

科斯的交易成本理論，使得經濟學從零交易成本的新古典世界，走向正交易成本的現實世界，從而獲得了對現實世界較強的解釋力。其中最重要的一條就是科斯對企業本質的解釋。

在科斯之前，企業常常被當作為一個「黑箱」來對待。有了交易成本，我們終於能夠揭開企業的神秘面紗。一個沒有交易成本的世界，宛如自然界沒有摩擦力一樣，是不真實的。而交易成本恰恰就是運用市場價格機制的成本。因為市場價格機制不可能在真空中運作，市場交易必然要付出代價，這就是交易成本的根源。在科斯看來，企業之所以存在，是因為在企業內部可以運用權威和指令，降低自由交易的成本，讓那些因為交易成本過高而無法實現的合約得以實現。

PART

社交經濟學——

不可忽視的社交大學問

KEYWORDS *47*
圈子經濟

KEYWORDS *48*
社會資本

　　清道光年間，中國出現了一位叱吒風雲的人物，他富可敵國，連清政府都要向他借錢，他影響深遠，毛澤東、蔣介石、魯迅，甚至日本的松下幸之助都對他大為推崇。他就是「紅頂商人」胡雪巖。

　　胡雪巖年輕的時候，其實不過是錢莊一個倒夜壺的夥計，那麼他究竟憑什麼一躍成為聲震中外的紅頂商人呢？原因其實很簡單，那就是人脈。

　　在錢莊當夥計的過程中，胡雪巖學會「識人」的高超功夫，他一眼看出窮酸書生王有齡不簡單，拿出數年積蓄500兩銀子，資助他進京赴考。王有齡不負眾望，經故友推薦到了浙江巡門底下，當上了糧台總辦。

　　王有齡「吃水不忘挖井人」，自己一發達，立即資助胡雪巖開辦錢莊，為他打通各種關係，成為錢莊老闆的胡雪巖從此扶搖直上，生意越做越大。

　　然而，好景不長，王有齡因被太平軍打敗而自殺了。官場上的靠山轟然倒塌，此時，有了一定經濟基礎的胡雪巖盯上了浙江巡撫左宗棠。胡雪巖多方打聽得知，左宗棠正為籌措軍餉一事發

愁，左宗棠的部隊在安徽時就已經5個月沒發過軍餉了，進兵浙
江後拖欠軍餉的情況更加嚴重。

　　為了拉近與左宗棠的關係，胡雪巖獻上了一條「罰捐代罪」
的妙計：太平軍人願意歸撫者，只需略領薄懲，就可以既往不
咎，而且認打認罰，各聽其便。胡雪巖此舉，不僅解了左宗棠的
難，而且為自己贏得了新的靠山，還獲得了一批潛在的客戶，可
謂是一箭三雕。

　　胡雪巖早期攀附王有齡，隨後接上左宗棠，為左宗棠及湘
軍竭心盡力。在左宗棠等人推薦下，被授予江西候補道，賜穿
黃馬褂，並且依靠湘軍的勢力，在全國廣設當鋪和銀號，成為富
甲江南的特大官商。胡雪巖的成功，充分說明了人脈資源的重要
性。戴爾·卡內基曾說：「專業知識在一個人成功中的作用只占
15%，而其餘的85%則取決於人際關係。」可見人際關係在我們
成功的路上占著多麼舉足輕重的作用。

　　所謂「圈子」，實際上是一種人脈和訊息的集合。隨著時代
的進步以及各種社交工具的普及，人們的社交半徑不斷擴大，圈
子的重要性越來越高。如果你不懂得「混圈子」，是會被人取笑
的。很多人因此喊出了「圈子經濟」的口號。

　　最早讓觀察者看到「圈子經濟」威力的是民間企業家之間的
社交圈。在中國，有著近30年歷史的泰山會就是其中的經典範例
之一。泰山會成立於1993年，是一個企業家私人交流的圈子，圈

子裡的成員都是中國數一、數二的企業家，例如，柳傳志、段永基、馮侖、牛根生、史玉柱、李彥宏等。巨人的起死回生、蒙牛的轉危為安，背後都有泰山會的功勞。

圈子是一個小社會，置身其中的人們彼此互相熟悉、清楚底細。圈子的存在，從經濟學上看，對個人而言，降低了人們的交往成本；從整體社會運作而言，圈子是一種制度安排(有正式的有非正式的)，降低了整個社會運作的交易費用。

對於普通大眾而言，雖不可能像胡雪巖一樣攀附達官貴人，也不可能加入泰山會與「超級富豪」做朋友，但卻可以經常混跡各類同學圈、朋友圈、興趣圈等。這些圈子同樣蘊藏著豐富的機會與寶貴的財富。

相對「圈子經濟」這個庸俗的稱謂，人際關係的重要性還可以通過一個很具理論色彩的概念來解釋，這就是「社會資本」。

社會資本是社會學的一個概念，強調的是一種社會關係。後來，經濟學家將其引入經濟問題的分析之中，將社會資本看作一種能夠帶來回報的資源。社會資本是相對於物質資本和人力資本的一種無形資源形式，以社會關係中的信任、規範和網絡為載體，既包括社會關係中的制度、規範和網絡化等組織結構特徵，又包括公民所擁有的信任、威望、社會聲譽等人格網絡特徵。簡單來說，社會資本是指一個人能利用的所有的社會網絡、關係和機會。中國人自古以來就非常重視血緣、地緣、業緣等社會關係，由此而產生的各種圈子，自然也都屬於社會資本的範疇。

KEYWORDS 49
信用經濟

　　美國著名的摩根家族一直很重視商業投資。1835年，一家名為伊特納的火災保險公司對外宣稱，任何人想要成為本公司的股東，無需挹注資金，只要在股東的本子上簽下自己的名字即可。當時，約瑟夫・摩根（J.P. 摩根的祖父）毫不猶豫地簽下了自己的名字，成了公司的一名股東。有一天，這家保險公司的一名客戶家中發生了火災，按照保險合約上的規定，伊特納公司理應賠付一大筆保險金，但是這樣做公司很有可能會面臨破產。

　　其他股東聽到這個消息時都表現得驚恐萬分，紛紛要求退股，免受牽連。但約瑟夫・摩根這時卻非常冷靜，他仔細思索了一下目前的情況，認為信譽才是最重要的。因此，他用低價收購了那些退股人員的股份，成了保險公司的所有者。為此，約瑟夫・摩根變賣了自己的房子和酒店，四處借錢才湊齊了保險金額，在外人看來，約瑟夫・摩根的行為簡直不可思議，但這卻為伊特納保險公司贏得了消費者的信任。

　　此時的伊特納保險公司已經資不抵債，因此，約瑟夫・摩根打出廣告，所有在伊特納保險公司投保的客戶，保險金要加倍收取。誰知這並沒有讓客戶望而卻步，投保的客戶反而越來

越多，因為人們相信伊特納。從此，伊特納保險公司不斷發展壯大，而約瑟夫・摩根也成了華爾街的名人，是億萬富翁摩根家族的創始人。

約瑟夫・摩根的故事告訴我們，即使經濟上失敗了，只要信譽未損，等到條件成熟，一樣能夠東山再起。關於信譽、信任的價值，我們還可以講出許多與約瑟夫・摩根相類似的故事。信譽、信任既是人際交往的核心要求，也是一筆非常珍貴的個人財富。

信譽、信任之所以有價值，是因為它是一種社會資本，能夠降低交易成本，它滲透在社會交往、商業交易等日常活動之中。在各種社會關係中發揮著潤滑劑的作用。「信任比黃金更重要」，從宏觀的層面看，信任是構成一個國家社會資本的要素之一；從微觀的層面看，信任能夠幫助企業積累口碑、降低交易成本。

正是因為信任具備上述的經濟屬性，才產生了信用經濟。所謂「信用」，可以理解為「獲得信任的資本」。信用摸不著也看不見，但它是一筆無形資產，越是被人信任，其信用度也越高。很多人都在使用信用卡，信用卡的額度其實就代表了銀行對你的信任程度。

最早提出信用經濟這個概念的經濟學家是德國人布魯諾・希

爾布蘭德(Bruno Hildebrand，1812—1878)，他根據交易方式的不同，把社會經濟發展劃分為三個階段：以易物交換方式為主的自然經濟階段；以貨幣為媒介的貨幣經濟階段；和以信用交易為主導的信用經濟階段。在信用交易方式下，交易者通過債權債務的建立來實現商品交換或貨幣轉移，例如，用信用卡消費。

　　在信用經濟時代，最首要的條件就是誠信。否則，就會產生信用風險。這無論對國家、企業，還是對銀行、個人，都是非常有害的。輕則造成不可彌補的損失；重則破壞整個經濟社會的運作，例如，我們前面所講的希臘國債危機（其實就是希臘政府過度消費之後欠債不還）。所以，在社會交往中，我們要努力贏得他人的信任，樹立個人守信用、重然諾的形象，在經濟生活中，我們要誠信履約，保持個人良好的信用記錄。

利益集團

晚唐大詩人李商隱，雖然滿腹詩書、才高八斗，但卻一生不得志，混跡於下等官僚之列，這與古人「學而優則仕」的傳統大相逕庭。究其原因是因為受到了牛李黨爭的影響。牛李黨爭是中晚唐時期兩種官僚集團之間的鬥爭，一方以牛僧孺、李宗閔為代表；另一方以李德裕為代表。一般認為，「牛黨」代表新興的有錢地主，而「李黨」則是沒落的世族階層。

李商隱年少時就頗富文采，受到當時鎮守河陽的令狐楚的賞識。成年後，令狐楚對李商隱更是禮遇有加。在令狐楚的協助下，李商隱不僅詩歌創作進步神速，而且還順利考取了進士資格。可是就在同一年，他的知遇恩人令狐楚病逝了。

在參與料理令狐楚的喪事後不久，李商隱就答應了涇原節度使王茂元的聘請，投入其門下。王茂元對李商隱的才華也非常欣賞，而且還將女兒嫁給了他。正是因為這椿婚姻，將李商隱拖入了牛李黨爭的政治漩渦中。令狐楚父子屬於「牛黨」，而王茂元與李德裕交好，被視為「李黨」的成員。因此，李商隱的行為被認為是對剛剛去世的老師和恩人令狐楚的背叛，李商隱很快就為此付出了代價。在唐代取得進士資格一般並不會立即授予官職，

還需要再通過由吏部舉辦的考試，就在授官考試中，李商隱在複審中被除名了。

此後，李商隱雖通過了考試，但由於牛李兩黨互相傾軋，輪流掌權加上受家事所累，李商隱始終只是一個低級別的官員。直至「李黨」失勢，李商隱再也無法找到政治上的靠山。「牛黨」掌權之後，李商隱雖然屢次向令狐楚的兒子令狐綯「陳情」，希望能幫忙引薦自己，但處境始終都沒有得到改善，一生受盡冷落。

對於李商隱的遭遇，著名歷史學家陳寅恪就曾指出，李商隱本來出自新興階級，應該始終屬於「牛黨」，才符合當時社會的道德，但他為了仕途，居然投奔「李黨」，這樣做，不僅「牛黨」的人認為他忘恩負義，「李黨」也鄙視他輕薄、無節操。

用今天的話來說，李商隱的悲劇根源於他「站錯了邊」。這裡所謂的「邊」，實際上就是利益集團，和歷史上的其他黨爭一樣，牛李二黨代表的是不同的社會階層，之所以出現不同的社會階層，其根源又在於不同的利益訴求。

利益集團又被稱為壓力集團，是指那些具有某種共同目的，試圖對公共政策施加影響的有組織的個人實體。利益集團的成員可以是普通老百姓、慈善機構、政府部門，也可以是企業。需要注意的是，利益集團所代表的利益，既包括集團本身的特定利益，也包括公共利益。

在經濟學家眼中，利益集團對利益的追求與道德高尚無關。傳統的利益集團理論認為，利益集團的存在是為了增進其成員的利益（特別是不能通過純粹的個人行動獲得的利益），個人可以通過代表其利益的集團來實現或增進他的個人利益，這實際上是個人利益最大化（理性經濟人）命題的擴大化。

在西方社會，利益集團影響公共政策的途徑有兩條：一是通過政治捐款，支持議員和總統當選，進而影響決策；二是進行有針對性的遊說並借助媒體，影響具體政策的制定。

大家都知道，要想競選美國總統，需要花費大量金錢，候選人不得不求助於各種各樣的利益集團。作為回饋，當選後總統在政策制定時，就會傾向於這些利益集團。美國媒體曾經披露，民主黨為1996年總統競選募款，向可能捐款的對象開出清單：捐10萬美元，可以分別與克林頓總統和高爾副總統吃兩頓飯，還可以參加民主黨到國外談判的貿易代表團；捐5萬美元，可以獲邀參加克林頓總統的酒會，並與高爾副總統共進晚餐；捐1萬美元，可以參加克林頓總統的酒會……等等。1996年，克林頓總統為了募款，前後參加了237次這種募款活動，有時他甚至在同一個晚上在華盛頓同一家旅館裡，參加兩種晚餐會。此事曝光之後，引起美國民眾的強烈不滿，許多人呼籲改革美國的競選制度。美國國會也通過了一些法律，對政治捐款做出限制。但這些都無法從根本上改變競選募款的做法，而是為赤裸裸的利益交換，蒙上了一件法律的外衣。

　　生活在現代社會的我們已經被各種各樣的利益集團所包圍，有的是我們身處其中的利益集團，有的是與我們休戚相關的利益集團，還有的是可能損害我們的利益集團。不管承不承認，我們都是利益集團中的一員，也不管願不願意，我們都應該力爭所屬利益集團的合法權益。

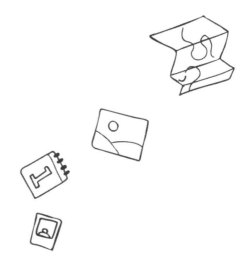

KEYWORDS *51*

尋租

一般情況下，利益集團的捐贈和遊說，還都是在法律允許的範圍內以合法的方式進行的，是一種無法避免的「惡」。與之相比，利益集團的尋租行為，要麼是非法的「勾當」，要麼就是以合法但不合理的方式存在的「惡」。

為了解釋尋租是什麼？經濟學家講過這麼一個故事：

假設一個有3,000萬公民的國家，某天提出一個議案說，每個人都要繳交1法郎，

而這筆錢將分配給在這個國家中的30個公民，也就是說，他們每個人將會一下子拿到100萬法郎。想像一下，接下來會發生什麼事呢？那30個人會立即出動，拉攏媒體、賄賂有關的官員，還會雇用許多代理人為其奔走遊說，用許多各式各樣冠冕堂皇的理由去慫恿選民為此議案投票。

而如果你是其他公民中的一員，你會怎麼辦呢？也許你心裡很明白是有人在搞鬼，可是單憑你一個人也無法改變大局，

況且，你和其他人一樣，為此只不過付出了區區1法郎的代價而已，你才不會為此煩心呢！甚至你很可能不會因此放棄一次約好了的鄉村野餐之遊。於是，就讓那些掠奪者唾手可得、大功告成。

從這個故事中可以看出，尋租實際上一種非生產性的尋利活動。租即租金，也就是利潤、利益、好處。尋租是尋求經濟租金的簡稱，是為了獲得和維持壟斷地位從而得到壟斷利潤（亦即壟斷租金）所從事的一種，非生產性的尋利活動。

美國經濟學家詹姆斯 · 布坎南（James Mcgill Buchanan,1919—2013）認為，尋租會造成巨大的社會浪費，因為花費在尋租活動上的投資，並不會提高尋租的經濟效益，而且通過實證研究，布坎南發現大部分的尋租收人，其實都是被浪費或揮霍掉的。這就好比那些貪官家裡整齊堆放的巨額現金，如果不在社會上流通，不僅是資金的閒置，還會減少社會的有效消費。

如何避免尋租呢？經濟學家們開出了「產權」這個方子。他們認為，要是一個社會產權保護做得很好，尋租者無從下手，人們自然就會選擇勤勞致富；可是如果一個社會裡貪汙腐敗司空見慣，辛苦工作累積下來的錢隨時都會被人變相搶走，或是尋租活動已經蔚為風氣，那麼，上行下效，普通人碰到機會也都會想著撈一把，到了這個時候，想靠道德禮教來改變已經是不大可能

了。

「一個巴掌拍不響」，有人想尋租，必然就有人被尋租。經濟學家們認為，人都是自私自利的，擁有權力的官員自然也無法避免，政府官員謀求自身利益最大化的動機，是尋租產生的內因。

在普通人的觀念中，尋租往往和腐敗相聯繫。一說起尋租，人們眼前就會浮現出貪官的嘴臉，但實際上，現實生活中的尋租活功遠遠不止「腐敗性尋租」這一種。

界定一項經濟活動是否是為尋租，很重要的一點是看它是否創造了價值。例如，當一個企業家成功地開發了一項新技術或新產品，其企業就能享受高於其他企業的高額收入。這種活動可以稱為「創租活動」，或者可稱為「尋利活動」。當其他企業家看到應用這一新技術或生產這一新產品有利可圖，就會紛紛起而效尤，湧入這個市場，從而使產品價格降低，超額利潤（租）漸漸消失，而後者的行為也屬於「尋利活動」。但如果有一個企業，明知別的企業掌握了新技術和新產品，不下功夫去向先進企業學習，而是想方設法誘使政府採取保護政策，阻止先進企業加入競爭，以維護自身的既得利益，這就是典型的「尋租」了。

KEYWORDS *52*
等價交換

　　著名的紅頂商人胡雪巖曾講過這樣一個故事：「我年輕的時候，只是店裡的小夥計，經常幫著東家四處催債。有一次，我正趕往另一戶債主家中時遇上了大雨，路邊的一位陌生人也被雨淋濕，正好那天我隨身帶了傘，便幫人家打傘。後來，每到下雨時，我便常常幫一些陌生人打傘。時間一長，那條路上認識我的人也就多了，有時候，我自己忘了帶傘也不怕，因為會有很多我幫過的人也會來為我打傘。」這個故事告訴我們：你肯為別人付出，別人才願意為你付出。

　　馬克思政治經濟學認為，價值是客觀的，買家和賣家達成交換是因為價值相等，這就叫等價交換。等價交換是商品交換的一般原則，也同樣適用於人際交往，一般而言，只有當兩種人的關係達到互利互惠、等價交換時，這種關係才能更持久 更和諧。

　　在人際交往的過程中，既有精神的交換，也有物質的交換。精神的交換也就是我們所謂的情感交流，只有當你用真誠和對方相處的時候，對方才會向你敞開心扉。而物質的交換也就是所謂

的商品交換，用貨幣交換商品，從經濟學的角度來說，人們在交往中付出的情感和物質就是社交成本，而得到的情感和物質就是社交收益。收益減去成本才是我們人際交往時得到的利潤，當利潤為正時，說明你們之間的關係是互惠的，可以維持，人際關係會呈現一種積極的狀態；當利潤為負值時，則會呈現消極、厭惡的情感。

但正如商品的價值不好衡量一樣，人際交往的成本和收益在很多時候也是難以衡量的。

有一個年輕人，由於做生意虧了本，一夜之間就成了身無分文的窮光蛋，由於自己的房子也被別人拿去抵債了，年輕人只好流落街頭，此時此刻，年輕人已經失去了對生活的希望和嚮往，已經連著兩天沒有吃飯，他無奈地敲開了一戶人家的大門，還沒等他開口，那個人就把門關上了，並且大聲對裡面的人說：「沒什麼，是一個乞丐，我已經打發走了。」

年輕人只好繼續向前走，他又敲開了一戶人家的大門，這一次開門的是一個老婦人，年輕人對她說：「我不是乞丐，但是您可不可以給我點吃的？」老婦人看了他一會兒，把他領進了家，為他做了一頓飯。年輕人此時仿佛到了天堂一般，雖然只不過是粗茶淡飯，但是在他看來卻是那麼美味。「我平時就一個人住，沒什麼人來，這次你就算是我的一個客人，你盡情吃吧。」「太感謝您了，我以後有機會一定報答您。」吃完飯，年輕人準備告辭，老婦人對他說：「年輕人，如果你沒地方去，可以在我這裡

睡一晚上。」年輕人非常感動,「謝謝您,不用了。」年輕人和老婦人告別之後,他的心裡非常溫暖和知足,他知道,這是老天爺給了他又一次活下去的信念,他決定重新開始。

年輕人憑藉著自己的聰明才智和勤勞的雙手,終於打下了一片天地,成為輪胎業的巨頭。此時的年輕人並沒有忘記當初老婦人的滴水之恩,他再次敲開了老婦人的門,但是卻被告知老婦人已經去世了。年輕人居然痛哭起來,他為老婦人重新修建了墓地,並且每年都會前來拜祭她,因為年輕人知道,就是當年老婦人的雪中送炭,才重新開啟了他對新生活的渴望。

麵包對於一個飢寒交迫的人來說,和對於一個豐衣足食的人來說,其價值絕對大不一樣。如果你給一個乞丐100元,那麼乞丐肯定會非常感激,但是如果你給一個億萬富翁100元,那麼他絕對不屑一顧。

雪中送炭雖然比起錦上添花,有更大的價值,但是在如今的經濟社會裡,卻很少有人會做到雪中送炭。在人際交往中,我們既是供給方,也是需求方。要儘量學會先供給,做到雪中送炭,然後提需求,讓別人給你回報。

KEYWORDS 53
名人效應

　　有個要賣馬的人，一連賣了三天都無人過問，他就去見相馬專家伯樂，說：「我要賣一匹馬，可是一連三天都無人過問。請您無論如何幫助我一下，您只要圍著我的馬看幾圈，走開後回頭再看一看，我奉送您一天的花費。」伯樂同意了，真的去市場上圍著馬看了幾圈，臨走時又回頭看了看。伯樂剛一離開，馬價立刻暴漲了十倍。

　　就因為伯樂看了一眼，馬價就暴漲了十倍，這就是名人效應的力量。如今，很多企業都會請名人來為自己的商品代言，目的是擴大銷路，引起消費者的注意，其道理和賣馬者的做法沒有兩樣。從經濟學的角度來講，名人代言可以增強消費者的購買信心，降低消費者的選擇成本，因此是有價值的。特別是當名人的個人品牌形象與產品品牌定位一致時，其價值會更大。例如，體育用品商選擇體育明星代言，可以使其品牌價值成倍增長。

　　在商品銷售中，經營者可利用消費者敬慕名人的心理來銷售商品。有這樣一則笑話：一個出版商有一批滯銷書久久無法

脫手，他忽然想出了非常妙的主意，給總統送去一本書，並三番五次去徵求意見，忙於政治的總統不願與他多糾纏，便回了一句：「這本書不錯。」出版商便大做廣告，現在有總統喜愛的書出售，於是這些書被一掃而空。不久，這個出版商又有書賣不出去，又送了一本給總統，總統上了一回當，想奚落他，就說：「這本書糟透了。」出版商聽了，腦子一轉，又做廣告：現有總統討厭的書出售。又有不少人出於好奇爭相購買，書又售罄。第三次，出版商將書又送給總統，總統接受了前兩次教訓，便不作任何答覆。出版商卻大做廣告，現有令總統難以下結論的書出售。居然又被一掃而空。總統哭笑不得，商人則大賺其財。

除了用於企業經營和商品銷售之外，名人效應還廣泛存在於社交領域。我們常常對名人很感興趣，希望能和他們靠攏。當站在名人身邊時，人們就會對你的能力和身份重新做出評價和判斷。

在社交活動中，如果你把自己的能力說得過強，別人會認為你吹牛，誇大事實。如果你太過謙虛，別人會認為你不夠自信，能力不足。但是，如果你能巧妙借助名人的影響力，那麼人們就會對你另眼相看。例如，你和名人拍過合照、在某個著名企業裡工作過、和某個名人有千絲萬縷的關係……等等。當然，如果你的能力、行為得到了名人的肯定，那更是錦上添花。

名人效應其實是品牌效應的展現，一旦某人或某物成為一種品牌就會具有極強的號召力和資源整合能力。我們可以通過兩種方法來運用這種力量，一是借助現有品牌，例如，很多人覺得創業困難，於是選擇加盟名店；二是把自己和自己的事業，打造成一種品牌，這種方法需要長期堅持，凡能長期堅持者必能見到成效。例如，某人對待朋友非常誠信，在朋友圈裡大家一致認同他是一個講誠信的人，這就是一種個人品牌，一旦形成這種品牌，那麼在人際交往中，他就會獲得越來越大的成功。

KEYWORDS *54* 粉絲經濟　KEYWORDS *55* 社群經濟

　　古往今來，有處於金字塔頂端的名人，往往就有「粉絲」追隨。人類進入商品經濟社會以來，不論從事什麼行業的名人，只要擁有足夠多的擁護者，都能輕鬆的變現、賺錢。網際網路的發展，更使「粉絲經濟」變得格外引人注目。到了當下的自媒體時代，「粉絲經濟」已呈現出繁榮鼎盛的景象。

　　例如，在中國有明星開通了一個微信公眾平台，在該平台上，「粉絲」們可以通過付費成為會員，有10元的月卡、50元的季卡、100元的半年卡和168元的年卡。成為會員之後，可以根據不同的會員等級享受特權：閱讀明星寫的書籍、欣賞明星親自錄製的私房音樂、查看明星的私房照片、定制語音推送、讓明星和你說早安、晚安，還可以參與會員討論區，發表評論以及得到回覆，並有機會和明星互動。根據推估，該明星在微信平台上大約有100萬粉絲，只要其中10％的粉絲付費，就至少能獲得1,680萬元，在會員費之外，還可以通過該平台銷售書籍、T恤、紀念品等偶像衍生性商品。

網際網路時代的到來，使得名人的形象變得更加鮮活，也拉近了明星和「粉絲」之間的距離。歌星、影星、體育明星、作家等名人，通過網際網路能夠輕易實現和「粉絲」們的互動，賺錢也變得前所未有的簡單。同時，網際網路快速發展，本身也造就了一批網路明星，這些人借助新的手段，大大發揮了「粉絲經濟」的能量和作用，在網路時代大賺其財。

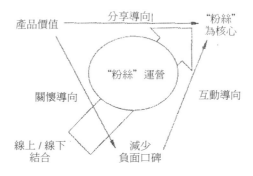

※「粉絲」的經營示意圖

　　2013年，小米手機用半年的時間就創造了2012年全年的業績，總共售出703萬台手機，僅上半年營收就超過2012年的126億，達到了132.7億元人民幣，而「為發燒而生」的品牌訴求，更是把小米手機賣「粉絲」的本質暴露無遺，連小米的首席產品經理雷軍，自己都說，小米手機的成功秘訣之一就是「粉絲經濟」。

　　羅振宇和他的團隊，在2012年年底創辦了知識性脫口秀節目「羅輯思維」，其成功也是得益於「粉絲經濟」。2013年8月「羅

輯思維」公眾平台已坐擁50萬「粉絲」，當月，微信公眾號推出微信會員收費制度，短短6個小時，5,500名會員就被搶光，創造了160萬元的收入，開創了網際網路的一個新的神話。

「粉絲經濟」讓一些自稱理性的人又羨慕又嫉妒。他們大肆攻擊「粉絲」的不理性。「腦殘粉」這個術語雖然可以看成是「粉絲」們的自嘲，但終究代表了一種不好的傾向——處於強勢地位的明星「搜刮」處於劣勢地位的「粉絲」。在這種社會語境之下，很多商家都不敢像雷軍一樣，底氣十足地宣稱自己就是因為「粉絲經濟」而成功的。例如，羅振宇就說：「我這個是社群經濟，而不是粉絲經濟。」

那麼，到底什麼是社群經濟？什麼又是粉絲經濟？兩者的區別又是什麼呢？社群是一個社會學的概念，是指一定區域範圍內發生作用的一切社會關係。社群中的人員往往有著相似的興趣與生活方式。「粉絲」其實是一種特殊的社群，他們因為認同一個明星的崇拜而產生。社群經濟與粉絲經濟的區別，其實是「去中心化」和「中心化」的區別。

但從兩者的區別來看，「羅緝思維」更像是「粉絲經濟」，而小米手機則更像是「社群經濟」。不過話要說回來，二者並無好壞之分，都是一種生意，關鍵是著重點不同。「粉絲經濟」未必有多丟人，「社群經濟」也未必多新銳。差別是做「粉絲經濟」對主事者要求高，而做「社群經濟」則考驗長期的運作能力罷了。

KEYWORDS 56
社交金融

這幾年來，隨著網路金融的持續升溫，各式各樣的P2P金融平台開始興起。P2P是 peer-to-peer 或 person-to-person 的簡寫，意思是「個人對個人」。P2P金融就是指個人與個人之間的小額借貸交易。一般需要借助專業的網路平台幫助借貸雙方確立借貸關係，並完成相關交易手續。

因為有了P2P人們可以自由在平台上發布借款和貸款資訊，並經由平台完成交易。但是，無論以何種方式確立的借貸關係，其核心問題仍在於借貸雙方的信任程度，以及由此產生的風險。一般而言，熟人之間的信任關係比較牢靠，而且熟人最清楚對方的還款能力與還款意願，按照此邏輯，熟人之間借貸應該更頻繁才是，也不需要什麼P2P平台。

但是，邏輯與現實往往是相反的，為什麼呢？癥結在於「面子」問題。對於出借人來說，既不想讓人知道自己有錢，也不好意思向熟人要利息，所以只好推託，再加上到期不好意思催債，逾期不好意思撕破臉等等，所以一般人不願意借錢給熟人。對於

借款人來說，都不想讓別人知道自己缺錢，特別是讓熟人知道，與其費盡心機地跟熟人解釋借錢的理由，還不如付利息向陌生人借款。調查數據顯示95%的人都遇到過朋友借錢和向朋友借錢的事情，約67%的出借者遭遇過錢借出去回不來的尷尬事情。對於很多人來說，「借錢與被借錢」的故事最終的結局都是悲劇。

社交金融的興起，為破解熟人、朋友之間的借貸難題，提供了一個很好的解決辦法。社交金融是基於朋友圈關係的金融互助行為，兼具人際交往與資金融通雙重功能。在社交金融圈中，社交活動和金融活動具有相互促進、螺旋上升的特點。從金融活動出發，參與者幫助彼此渡過難關，成就夢想，獲得收益，增進信任關係，進而促進社交的發展；從社交活動出發，參與者可以通過與人脈圈的資源分享，提高個人信用，進而獲得更多的投資機會及金融資源。

社交金融的概念最先由美國的SoFi（Social Finance的簡寫）公司創建，其借助學校社交網絡，將社交和金融結合在一起，撮合學生與校友達成借貸關係，並從中收取一定的費用。在美國，大學生大多貸款讀書，且校友願意回饋母校，幫助學生，所以在這個平台上，校友用較低的利息把錢貸給學生，他們還可以給這些學弟、學妹們提供事業、工作上的諮詢和協助。

在中國也有越來越多的企業陸續宣布投入社交金融，著名的有，包括阿里集團的「支付寶」、平安集團的「壹錢包」等。各

家社交金融平台從各自不同的社交關係切入，有的做熟人實名借貸，有的做熟人匿名借貸，也有的於校友圈、商務圈等特定圈子借貸。

　　社交金融通過打通社交與金融的隔閡，成功解決了熟人、朋友、同學之間，「借與不借都是錯」的痛處。更重要的是，它為中國社會的微信體系的建立，提供了一條新的途徑。眾所周知，中國是一個典型的人情社會，面子有時候可以發揮的作用比金錢更大。很多人在對待陌生人時，經常會有失信的行為發生，但在自己的熟人圈內，卻擁有較好的信譽。如果在微信過程中，將用戶的熟人圈納入評估體系，就會在很大程度上減少和遏制失信行為的產生。

KEYWORDS 57
共享經濟

　　與比爾‧蓋茲、馬克‧祖克柏（Facebook的創辦人、董事兼首席執行官，Mark Elliot Zuckerberg，1984－）一樣，特拉維斯‧卡拉尼克（Uber公司創辦人兼首席執行官，Travis Kalanick，1976－）已經成為輟學創業成功的新偶像。他所創辦的Uber公司已經成為價值500億美元的網路公司。

　　1998年，卡拉尼克從加州大學洛杉磯分校電腦工程系輟學，與同學合作創辦了Scour網站，讓網友交換音樂、影片。但是，他創立的首家公司遭到了30多家大型電影、音樂公司的侵權指控，要求賠償2,500億美元損失。最後，他與同學被迫關掉公司、宣告破產。

　　2001年，卡拉尼克再接再厲，與朋友合作創立了RedSwoosh公司，其主要業務是改進企業文件在網路上傳播的方式，提高文件的傳輸速度，同時幫助企業節省伺服器的開支。在此期間，他曾經付不起房租、多次賠到一文不名，直到公司漸漸有所起色。2007年，卡拉尼克以1,700萬美元賣掉RedSwoosh公司，那年他31歲，成為千萬富翁。

一次在巴黎叫不到計程車的經歷，讓卡拉尼克有了一個新的大膽想法，於是開始了自己的第三次創業。2009年，卡拉尼克和幾個合夥人在舊金山找了家汽車租賃公司提供服務，他正式把公司命名為UberCab（字面意思是「最好的出租車」)。由於服務好、車又好，UberCab很快在當地IT圈爆紅。然而，好景不長，2011年5月，UberCab因為沒有相關出租車公司執照，被舊金山交通管理局處以高額罰款。見到禁令，卡拉尼克眉開眼笑，見人就說：「他們要封殺我們，這個項目成功了！」於是他做出了一個更為偉大的決定，將 UberCab正式更名為Uber。

　　雖然屢遭挫折，政府罰單接到手軟，政府禁令源源不斷，但卡拉尼克還是一路堅持地走過來。目前Uber已在全球58個國家超過300個城市營運，並且這些數字還在不斷地翻新當中。

　　從2010年10月起，Uber經歷了多次融資，其價值從最初的約400萬美元，躍升至如今的約510億美元，成為全球價值最高的非上市公司。之前，只有祖克柏的Facebook在上市之前，價值曾經達到500億美元。

　　隨著Uber的崛起，共用經濟的口號開始紅遍全球，引領著網路創業的大潮流。Uber模式的本質就是共用經濟。它為傳統行業加入了網路思維、金融思維、顛覆性地衝擊了原有行業，更有效地利用社會閒置資源。它打造的不是一家擁有車輛與司機的世界跨國公司，而是一家沒有一輛車與司機的世界跨國公司，並且成了全世界最大的叫車公司「平台」。

　　所謂「共享經濟」，就是通過整合線下的閒散物品或服務者，讓他們以較低的價格提供產品或服務。對於供給方來說，通過在特定時間內讓渡物品的使用權或提供服務，來獲得一定的金錢回報；對需求方而言，不直接擁有物品的所有權，而是通過租、借等共用的方式使用物品。由於供給方提供的商品或服務是閒散或空置的，而非專門為需求方提供的，供給方從商業組織演變為線下的個體工作者，因此，需要有一個平台對數量龐大的需求方和供給方進行媒合，於是就產生了共用經濟的平台公司。

　　從本質上說，共用經濟是一種合作消費的生活方式，擁有者將閒置的物品，包括汽車、房屋等出借或出租給使用者，實現物品的最大化利用和收益。在這種模式下，每個人都可以同時成為生產者和消費者，擁有創造收入的能力。

　　與傳統的酒店業、汽車租賃業不同，共用經濟平台公司並不直接擁有固定資產，而是通過媒合交易獲取傭金。正如李開復所說：「世界最大的出租車提供者（Uber）沒有車；最大的零售者（阿里巴巴）沒有庫存；最大的住宿提供者（Airbnb）沒有房地產。

　　共用經濟正在深刻地改變著人們的社交模式和商業思維，未來將會有越來越多的商品、服務甚至人員，成為共用的對象。

PART

職場經濟學 ——
用經濟學的思維混職場

KEYWORDS *58*

比較優勢

　　去過寺廟的人都知道，一進廟門首先看到的是彌勒佛，露著大肚皮笑臉相迎。而在他的北面，則是黑口黑臉的韋陀，為什麼他們兩個會這麼一前一後的立在寺廟裡呢？

　　相傳在很久以前，他們並不在同一座廟裡，而是分別掌管著不同的廟宇。彌勒佛熱情歡樂、人見人愛，所以來廟裡的人非常多，但他有一個毛病就是丟三落四，帳務讓他管得一塌糊塗，所以經常是入不敷出。韋陀就不一樣了，雖然整天板著臉，不愛說話、不愛笑，搞得廟裡來的人越來越少，香火都斷絕了，但他管帳可是一把好手，非常細心。

　　佛祖在查香火時發現了這個問題，於是將他們兩個放在同一座廟裡面，由憨笑可愛的彌勒佛負責公關，笑迎八方來客，而讓鐵面無私、錙銖必較的韋陀負責財務、嚴格把關。在兩人的分工合作下，寺廟可謂欣欣向榮，人也多了，財務也做得非常棒，佛祖看在眼裡，樂在心裡。

　　這個故事說明彌勒佛在待客方面有自己的比較優勢，而韋陀在管理財務上有自己的比較優勢。如果他們倆分工合作，對兩

個人和寺廟的「生意」都有好處。就像兩個民族，一個是遊牧民族，另一個是農業民族，兩民族相互貿易，都可以發揮自己的比較優勢，截長補短。

什麼是比較優勢呢？如果一個國家在本國生產一種產品的機會成本，低於其他國家生產該產品的機會成本，那麼這個國家在生產該產品上就擁有比較優勢。

比較優勢的提出者是著名的英國經濟學家大衛・李嘉圖(David Ricardo，1772－1823)，該理論對於國際貿易具有很強的實用價值和經濟解釋力。李嘉圖認為，每一個國家都應根據「兩利相權取其重，兩弊相權取其輕」的原則，集中生產並出口其具有比較優勢的產品，進口其具有比較劣勢的產品。

中國經濟學家中，林毅夫是非常推崇比較優勢理論的。他認為，不同發展程度國家的比較優勢不同，過去中國的勞動力資源豐富，資本相對短缺，比較優勢集中在勞動密集型產業，經過資本積累之後，資本就從相對短缺變成相對豐富，市場要素與價格發生變化，比較優勢發生改變，在這種情況下就必須要技術創新和產業升級。

根據比較優勢的理論，在職場中，我們每一個人都應該充分發揮自己的優勢，從事自己最擅長的工作，形成自己的專業特長，成為某一個領域的專家，而不要「這山望那山高」。如果你覺得自己哪方面都技不如人，也不要妄自菲薄，因為根據比較優勢理論，任何人都有其用武之地。

所謂「比較優勢」，是相對於「絕對優勢」而言的。例如，有甲和乙兩個人，假設甲1天可以製造100雙鞋子或者10條圍巾，而乙1天可以製造48雙鞋子或者8條圍巾，很明顯，無論是製造鞋子或是圍巾，甲都比乙效率更高，這說明甲具有絕對優勢。但如果運用比較優勢理論，我們可以說甲在製造鞋子上有比較優勢，而乙在製造圍巾上有比較優勢。因為從甲的角度出發，他製造1條圍巾所佔用的時間，是製造10雙鞋子的時間，而乙佔用的僅僅是製造6雙鞋子的時間。所以，甲與其自己既製造鞋子又製造圍巾，還不如把時間全部用於製造鞋子，然後用自己製造的鞋子去換取乙製造的圍巾。

　　在職場中也應該遵循同樣的道理。如果甲的管理能力和技術能力都比乙好，但乙的技術能力也不錯。這種情況下，因為甲在管理方面有比較優勢而乙在技術方面有比較優勢，所以應該讓甲專門去做管理，而讓乙專門去做技術，這樣的分工是最合理的。所以，如果你要去應徵一個打字員的工作，可是面試你的主管說他自己打字的速度比你還快，你千萬不要沮喪，覺得這下子沒戲唱了，因為他不會跟你搶工作，他有他的比較優勢，就是做管理而不是當打字員，而你的比較優勢才是打字。

　　我們在選擇職業的時候一定要想清楚自己的比較優勢在哪裡，只要堅持自己的比較優勢，在與別人的合作和競爭中，總是可以獲得最大的收益。一定不要總是人云亦云地跟著別人走，讓盲從、面子、虛榮佔據自己的主要意識，如果非要這麼做，只會逐步喪失本來所擁有的比較優勢，抬高自己選擇的總成本。

KEYWORDS 59
路徑依賴

　　有三個人一起被判入獄，他們將要在監獄中待三年，可喜的是監獄長答應他們每個人一個要求，美國人想了想說：「我要三箱雪茄」；法國人頓了頓說：「我希望有個美麗的女人跟我相伴三年」；猶太人毫不猶豫地說「我只希望給我一部可以跟外界溝通的電話」。

　　監獄長一一滿足了他們的請求。時間過得很快，三年過去了。出獄的時候，第一今衝出來的是美國人，他嘴裡焦急地喊著「給我火，給我火」。原來，他忘了要火，沒火就沒辦法抽姻了。第二個走出來的是法國人，他出來的時候已經是孩子成群。猶太人最後一個出來，只見他牢牢地握著監獄長的手說「在這三年內，我每天都跟外界聯繫，我的生意不但沒有耽誤，還增長了兩倍，為了感謝您，我送給您一輛勞斯萊斯。」

　　不同的選擇，導致了截然不同的結果，在經濟學中，這被稱為「路徑依賴」，它指的是一個人一旦選擇了某種人生道路，他就會朝著這條路一直走下去，而且還會不斷強化自己，再想改變

當初做的選擇就非常難了。也就是說，一旦你做了某種選擇，就相當於你走了一條不歸路，再想回頭就會很困難，因為慣性的力量是非常大的，大到社會制度，小到個人行為，都會受到路徑依賴的影響。第一個使「路徑依賴」理論且聲名遠播的是道格拉斯‧諾斯（Douglass C.North，1920—2015），由於用「路徑依賴」理論成功地闡釋了經濟制度的演進，道格拉斯‧諾斯於1993年獲得諾貝爾經濟學獎。

「QWERTY」型鍵盤的流行與普及就是路徑依賴的典型例子。這種鍵盤雖然在技求上不是最好的（1932 年申請專利的「DSK」型鍵盤的輸入速度更快)，但它卻牢牢佔據了市場，因為在早期「QWERTY」型鍵盤的使用人數占了優勢，而其他類型的鍵盤數量較少，再加上硬體、軟體的相容性問題，使用者在選擇鍵盤時就都選擇了「QWERTY」型鍵盤，就這樣「QWERTY」型鍵盤逐漸佔據了整個市場。

職場中也同樣存在著路徑依賴，你現在的狀態也完全是你幾年前選擇的結果，所以，即將踏入職場的人，一定要做好選擇，因為現在的選擇將要決定五年後的生活狀態。千萬不要有這樣的心態：現在大學生太多了，自己沒有選擇的權利，哪個單位需要我，我就去哪裡。也不管自己喜不喜歡、適不適合，先找到工作養活自己再說。

　　如果選擇了一個自己一點也不感興趣的工作，那將會毀掉一生，因為進了這行，你想再脫身，就非常困難了。再說，在某行混了這麼久，很多業務都已經熟悉，而對於其他行業，卻是個新手，也不願意放棄，即使願意放棄，進入別的領域，得一切重新開始，這相對於同齡人來講，就落後了一大截，想想也不甘心。所以，只能忍受痛苦和煎熬，繼續堅持。

　　其實，這是很可悲的，要知道，工作佔據了人一生大部分的時間「路徑依賴」法則的存在就是要求我們每個人應該多一些對職業的思考，而不是盲目地跟著別人走，或者沒有方向地隨波逐流。如果你多花一點時間去做自己的職業規劃，例如，自己到底對什麼感興趣、自己要追求什麼樣的職業目標等等，如果你能夠找到屬於自己的職業發展方向，即使在道路上充滿了艱難和坎坷，也依然能在慣性的推動下不斷前進，最終走向成功。

　　要清楚自己要什麼，這樣做出的選擇才不會後悔。或許剛剛選擇的行業薪水低得可憐，那也沒有什麼關係，因為要的是經驗，而不是那點微薄的薪水。經驗相對於薪水來說不知道要重要多少倍，因為薪水是死的，而經驗說不定會為你帶來比薪水高出幾倍甚至幾十倍的收益。

KEYWORDS 60
不可替代性

　　以色列有這麼一則寓言故事，克爾姆城裡有一個補鞋匠，性格暴躁。有一天竟然把一個顧客給殺了。於是，他被帶上了法庭，因為他犯了故意殺人罪，所以法官宣判把他處以絞刑。判決宣佈之後，一個市民站了起來並大聲說：「法官，城裡就一個補鞋匠，如果您把他給殺了，誰來給大家補鞋？」

　　克爾姆城的其他市民聽完，也站了起來並且同聲地呼籲，希望法官給他一條活路。　法官低頭想了想，便點頭同意了，並重新對這個補鞋匠進行了判決，因為法官覺得市民們說的對，如果這個補鞋匠死了，大家都沒地方補鞋了。但是補鞋匠犯的是殺人的死罪，不殺他又說不過去，於是，就找一個蓋屋頂的市民替他去死了。

　　這個故事只會在寓言裡面出現，現實生活中不可能發生。很多經濟學家喜歡用這個故事來解釋替代效應，但更準確地說，它更適合於解釋「不可替代性」。所謂的「不可替代性」，其實是用於度量稀有性的一個概念，某種資源越是稀少，不可替代性就越強。收藏品之所以能拍出天價，就是因為它的不可替代性。據說，英國有一位收藏家花兩百萬英鎊，買到世上僅存的兩枚黑

便士郵票（世界上第一種公開發行的郵票）。立刻當場撕毀其中一枚，剩下那枚瞬間就飆升到了四百萬英鎊。因為這枚郵票成了全世界獨一無二的了。

知識和技能也是一種資源，如果你所擁有的知識和技能是獨一無二、不可替代的，那麼在職場中你就能如魚得水、遊刃有餘。

越是可以替代的東西，其價格越是低廉，越是不能替代的東西，其價格越是高昂。為什麼有些人的薪水低，而有些人的薪水高？前者的工作一定是可替代的，例如，流水線的工作。後者的工作一定是不可替代的，或者是替代性小得多，例如，技術研發。當然，所謂的「不可替代性」也是相對的，因為職場中很少有人能夠做到「唯一」。假設一個流水線工人，如果他能做到生產效率和質量是別人都比不上的，那麼他就擁有了「不可替代性」，這就是為什麼很多熟練的技術工人，比白領工作者的薪水都要高得多的原因。

在職場中，要想讓老闆重用自己，要想拿到高報酬，就要讓自己變得不可替代。如果的工作任何一個新員工都能做，老闆一定不會重用，甚至還會辭退。因為新員工的成本更低，卻能做同樣的事情，老闆為什麼不用呢？要想在職場中如魚得水、節節攀升，就要讓自己做到無可替代。該怎麼做呢？無非是提高自己的技術能力，能為老闆排憂解難，能夠做別人做不了的事情，這樣一來，離成功就更近了一點。說到底，就是要提高在職場的核心競爭力。

KEYWORDS *61*
木桶定律

在古希臘神話中，阿喀琉斯可謂法力無邊，勇猛異常，是最偉大的英雄之一。阿喀琉斯的母親是一位女神，在他降生之初，為了使他能夠永生，女神將他浸入冥河洗禮，從那以後，阿喀琉斯變得刀槍不入、百毒不侵，但只有一處除外，就是他的腳踝。

原來，阿喀琉斯在洗禮的時候，他的腳踝被母親提在手中，沒能浸入冥河，這便成了他唯一的弱點——阿喀琉斯之踵。

在接下來曠日持久的特洛伊戰爭中，阿喀琉斯一直是希臘人心目中最勇敢的將領，他所向披靡、萬夫莫敵，令敵人聞風喪膽。然而，就在十年戰爭即將結束的時候，在眾神的示意下，敵方將領抓住了阿喀琉斯的「弱點」，用一支毒箭射中了他的腳踵。

最終，英雄阿喀琉斯不治身亡。

按照常理，阿喀琉斯是天下無敵，沒有人可以戰勝他，但是他的微不足道的「缺陷」——腳踝沒有被洗禮——卻成了他的致命傷。這告訴我們，一個人能否成功，能否笑到最後，不完全取決於他的最擅長之處，還取決於他的最弱之處。

　　這在經濟學上有個相應的定律，即「木桶定律」，也叫「短板理論」。說的是一個木桶能裝多少水，並不是由桶壁上最長的那塊木板決定的，而是由最短的那塊木板決定。就像上面那個神話故事，阿喀琉斯再強大，也有他的弱點，當敵人向他的弱點發動攻勢時，他只能被動身亡，他輸給了自己的最短板——沒有經過洗禮的腳踝。

※ 木桶定律

　　在職場中，要想獲得成功，除了要會揚長——培養自己的不可替代性和核心競爭力；還應該會避短——彌補自己的劣勢和短板。職場中，聰明的人有很多，能幹的人也很多，能言善辯的人更多……，可是為什麼只有少數人能夠得到提攜，被老闆器重，原因在於很多有能力的人不懂得避短。

也許因為性格不好、太狂妄，不把任何人放在眼裡，誰也不喜歡這樣的人，即使他再聰明，再有能力，也不行。因為，誰也不願意自己找氣受。

　　也許因為太迷糊，做事缺乏冷靜思考。如果把他提拔做了主管，那老闆不是自己找自己麻煩嗎？什麼事都不經過大腦，都不深思熟慮，最後出了問題猶不自知。

　　也許因為太懶，就喜歡睡覺、聊天，老闆雇用他是給自己賺錢的，而不是讓他來玩耍的，他再怎麼聰明，老闆也不會重用他，怕他給下屬做不好的表率。

　　事實就是如此，那些看似微不足道的弱點，往往是致命的。無論最長的「木板」有多長，也無法改變命運，因為最短的那塊「木板」足以將人拖回原點，或者令人後退無門。因此，要努力去掉身上的壞毛病、壞習慣，絕不能因為小而忽視，要不斷提升自己，把劣勢變成優勢，揚長避短，不讓自己的缺陷成為致命傷。只有這樣才能在職場中順利地攀升，最終達到成功的彼岸。

KEYWORDS 62
80/20法則

　　職場中，有不少人總會有這樣的困惑：

　　為什麼我天天忙得焦頭爛額，忙得都忘了時間，忘了吃飯，但還是完成不了工作？

　　為什麼我努力工作，付出很多精力和艱辛，但收益總是不盡如人意？

　　為什麼我的客戶也不少，每天都出去奔波，可是忙了半天，業績還是上不去呢？

　　為什麼我們的付出總是跟收穫不成正比呢？

　　其實，你是否發現，你總是用80%的精力，去做那些只會取得20%成效的事情。也就是說，你把大部分精力和時間都花在了那些微不足道的工作上，而主要的、能給你帶來大回報的工作，你卻只用了20%的精力和時間去完成，所以才會出現付出和回報不成正比的情況。

　　這就是經濟學上有名的「80/20法則」。最早提出它的人是義大利經濟學家維弗雷多·柏拉圖（Vilfredo Federico Damaso Pareto，1848－1923）。他認為，在任何特定群體中，重要的因

子只占其中一小部分，約為20%，其餘不重要的80%儘管是多數，但都是次要的。1897年，維弗雷多·柏拉圖偶然注意到19世紀英國人的財富和收益模式。在調查取樣中，他發現大部分的財富流向了少數人手裡，同時，他還從早期的資料中發現，在其他的國家，都存在這種微妙的關係，而且在數學上呈現出一種穩定的關係。於是，維弗雷多·柏拉圖從大量具體的事實中發現，社會上20%的人佔有80%的社會財富，同時，人們還發現生活中存在許多不平衡的現象。因此，80/20法則變成了這種不平等關係的簡稱，用以計量投入和產出之間可能存在的關係。

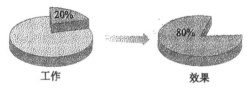

工作　　　　　　　　效果

※80/20 法則

　　很多人抱怨自己明明工作非常努力，但是業績怎麼也提高不了，其實很多時候都是因為沒有抓住關鍵客戶、關鍵問題，所以即使耗費了九牛二虎之力，最後取得的成果也是微乎其微，用 80%的努力只賺取20%的成果，這樣的效率對於公司和個人的發展來說，都是遠遠不夠的。只有抓住關鍵部分，才能夠創造高業績。

　　在職場中，很多人總會陷入這樣的誤區，認為付出越多，得到的也會越多。但事實上，只講究付出的量是不夠的，還要選擇正確的努力方向，重視效率，這樣才能得到更多的收穫。在職場

中，要想有效地創造價值，就要改變思路，把有限的時間和精力放在能創造高利潤的工作上，學會掌握重點、抓住重心、鎖定關鍵，弄清楚輕重緩急，規劃優先順序。下面兩個案例充分說明了職場中「80/20法則」的應用。

　　小莉大學畢業後進入一家跨國公司當會計，很快升到中階經理的職位。她總是準時、準確的記帳，面對詢問也都能立刻拿出正確的財務報表。但是慢慢地，小莉覺得公司一些重大的決策越來越與她無關了，而她再也進入不了晉升的名單中。

　　小蘇是一家軟體企業的市場分析師。一天，她偶然得到一份關於公司過去幾年來所有重要項目的財務檔案。她很好奇，想知道大項目的利潤是否比小項目高。經過分析，她發現在許多方面都有很大差異。第二天，她向主管做了報告，並提議　公司不單要贏得更多項目，更要贏得對的項目。從此，事情開始不一樣了。小蘇的分析報告都會直接遞交到高階主管手中。

　　就像大多數人一樣，小莉勤勤懇懇上班，是個踏實工作的好員工，但也很難有太大的突破。就好像有些運動員，報名參加所有比賽，卻從未贏得重要獎項。而小蘇除了從事日常工作之外，還把重要精力放在公司重大決策的分析、建議上，從而贏得了上司的青睞，得到了別人沒有的機會和經驗。

　　在職場上，一定要把重要的時間和精力放在能夠創造更大價值的事情上，放在能夠對自己的職業生涯產生決定性作用的人身上。

KEYWORDS *63*
長尾理論

　　「80/20法則」告訴我們要抓住主要重點、集中精力解決主要問題。但是，隨著網路時代的來臨，出現了一種顛覆「80/20法則」的理論，這就是美國人克里斯・安德森（Chris Anderson，1978—）提出的長尾理論。其核心觀點為：「非主流產品」雖然個體所占的市場比率較小，但是，由於數量龐大，其總體市場占比會超過「主流產品」。

　　Google就是長尾理論的受益者。以佔據了Google半壁江山的AdSense為例，它面對的客戶是數以百萬計的中小型網站和個人。這些群體的價值按照「80/20法則」簡直不值一提，但是Google通過為其提供個性化定制的廣告服務，將這些數量眾多的群體匯集起來，一舉奠定領先格局。

　　長尾理論被認為是對「80/20法則」的徹底反逆。如下圖所示，橫軸表示種類，縱軸表示銷量。典型的情況是，只有少數產品銷量較高，其餘多數產品銷量很低。「80/20法則」要求我們關注其中的深色部分，認為20%的品種帶來了80%的銷量，所以應

該只保留這部分，其餘的都應該被捨棄。長尾理論則關注淺色的長尾巴，認為這部分積少成多，可以積累成足夠大，甚至超過深色部分的市上占比。在統計學中，這種形狀的曲線被稱作「長尾分佈」，因為相對於頭部而言，它的尾巴特別長，這便是「長尾理論」的來源。頭部意味著單一性的大規模生產，而長尾意味著差異化、多樣性的小規模生產。

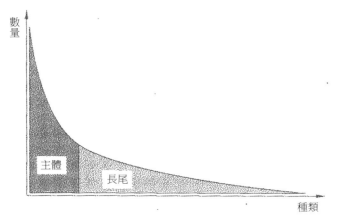

※ 長尾理論模型

　　舉例來說，一家大型書店通當可擺放10萬本書，但亞馬遜網路書店的圖書銷售額中，有四分之一來自排名10萬以後的書籍，這些「冷門」書籍的銷售比例正在快速成長，預估未來可占整體書市的一半。這意味著消費者在面對無限的選擇時，真正想要的東西和想要取得的管道，都出現了重大的變化，一套嶄新的商業模式也隨之崛起。簡而言之，長尾所涉及的冷門產品涵蓋了更多

人的需求，當有了需求之後，會有更多的人意識到這種需求，從而使冷門不再冷門。

長尾理論自2004年提出以來，迅速成為網路經濟領域中的重要理論之一，在新興的網路經濟中得到了廣泛的應用。從上述亞馬遜的例子可得知，「80/20法則」與長尾理論的重要區別在於，「80/20法則」的前提是資源是稀少的（例如傳統書店的黃金展台）所以要擇優對待；而長尾理論則是基於網路提出來的新模式，網際網路的存在使得網路書店的展台得到了無窮的拓展，因此所謂的「冷門」圖書也可以同樣被展示出來。

長尾理論不僅顛覆了傳統的經營理念，而且對於網際網路時代的職業選擇，也有非常好的啟發作用。過去幾百年來，由於工業化大量生產的衝擊，很多生產小眾產品或手工製品的人，幾乎已被逼到了牆角。而現在有了網際網路和電子商務，這些小眾產品或手工製品，可以重新煥發活力，在長尾市場裡迎接新的春天。其次，對於創業者而言，如果選對了一個細分行業，通過網路管道就可以獲得大量用戶，足夠支撐起一個小眾品牌，創造出一種小而美的商業模式。正因為如此，《長尾理論》的作者克里斯‧安德森預測，未來10年，「創客運動」（Maker）將扮演推進器的角色，讓個體和數字世界真正顛覆現實世界，掀起新一輪的工業革命。

KEYWORDS *64*
彼得原理

　　加薪和升職無疑是很多職場中人的動力和夢想，不想當將軍的士兵不是好士兵，就經常被老一輩拿來勉勵年輕一輩要堅持努力，但是晉升對於每個職場中的人來講真的是好事嗎？真的是百利而無一害嗎？要想回答這個問題，我們先來認識一下經濟學中著名的彼得原理。

　　彼得原理由美國管理大師管理學家勞倫斯‧彼得（Laurence J. Peter，1911－1990）根據千百個有關組織中不能勝任的失敗實例的分析，所歸納出來的理論，於1960年提出。其具體內容是：在一個等級制度中，每個員工趨向於上升到他所不能勝任的地位。彼得指出，每一個員工都由於在其原有職位上工作成績突出，於是被提升到更高一級的職位，其後如果繼續表現好則將繼續被提升，直至到達他所不能勝任的職位為止。由此，彼得推論出，「每一個職位最終都將被一個不能勝任此項工作的員工所佔據」。

　　彼得一針見血地指出了職場的「終結點」，似乎職場人最終都將走向末路窮途，這不能不說是一個管理上的「噩耗」。對於個人而言，晉升也並非對每個人來說都是好事。看完下面這個故

事，就會理解。

　　吳先生在某個IT公司從事技術開發的工作，因為做得很好，所以不久就被提升為專案主管，吳先生非常高興，為了感謝上司對自己的知遇之恩，決定要更加努力工作，以更好的業績來回饋上司。

　　於是，在以後的日子裡，吳先生埋頭苦幹、頻繁加班。但是吳先生上任不久，就感覺到力不從心。這是為什麼呢？一是因為吳先生除了要忙技術，還要花更多的精力來管理專案小組，瑣碎的事情讓他忙得焦頭爛額；二是因為工作進展得很不順利，即使是頻繁加班，還是無法按時完成公司給他下達的任務，任務無法完成，同事們就會被扣薪水，於是同事們怨聲載道；三是因為比吳先生資歷老的技術人員對他很不服氣，總是有意無意地刁難他，吳先生對此總是忍氣吞聲。

　　結果，上司、同事、自己都很不滿意，吳先生就這樣從一個優秀的技術人員成了不稱職的專案主管。我們從吳先生的遭遇就可以得知，晉升並不是對每個人都是有利的，關鍵在於適不適合自己。

　　在現實職場中，很多人經過一番努力，終於獲得了晉升，隨之薪水上漲，職權變化，甚至坐的位置和擺設都會隨之改善，這實在令人既興奮又好奇，欣喜之餘，慢慢地你也許就會發現居然還藏著不少煩惱：

　　原來，一直都是做自己最擅長的工作，可謂得心應手，可是現在的工作，不是決策就是統籌，突然感覺自己變成了新手，倍感壓力。

　　上司要求部門要在一個月內完成一定的業績，可是看來根本不可能完成，但還是硬著頭皮答應了。

　　整天加班，但還是有很多忙不完的事情，以前自己的事忙完了就走人，可是現在不只是在做自己的事情，還要兼顧整個部門的事情。

　　其實，造成這種狀態的原因就是因為將不能勝任的人提拔了，不要覺得你優秀就可以勝任更高一級的職務，畢竟現在的職務和更高一級的職務有著太多的不同。也許你是一個優秀的銷售人員，但不是一個優秀的專案經理；也許你是一個非常棒的技術人員，但不是一個非常棒的部門主管。

　　所以，職場中的每個人不要為了滿足自己的虛榮心，或是為了顯示自己的重要性，而盲目地往上爬，上面的風景不一定是最美麗的，因為上面的職位未必適合，如果不能勝任，就會把工作搞得一塌糊塗，最終會跌得更慘。每個人都期待著不停地升職，但不要將往上爬當成自己的唯一動力。與其在一個無法完全勝任的職務勉強支撐、無所適從，還不如找一個自己能遊刃有餘的職位，好好發揮自己的專長。

KEYWORDS 65

墨菲定律

你和男朋友一起出去逛街或遊玩，心裡總是擔心見到某人，但最後偏偏就真的見到了他。

你排隊買東西的時候，另一排總是動得很快，當你換到另一排，你原來在的那一排就開始動得快了。

你看一場足球比賽，就是不進球，你忍不住去小商店買瓶可樂喝，可是就在這個間隙居然進了一球。

在生活中，你是不是經常會遇到這樣的倒楣事，如果經常碰到，那就說明你已經中了神秘的墨菲定律的魔咒了。什麼是墨菲定律呢？它指的是：「如果有可能發生壞事，不管這種可能性有多小，它總是會發生，並且造成最大可能的破壞。」用一句中國人耳熟能詳的話來說就是：越怕什麼，越來什麼。

這個定律的得名跟美國一位名叫愛德華‧墨菲（Edward A. Murphy，1918－1990）的上尉有關。墨菲是美國愛德華茲空軍基地的上尉工程師。1949年，他和他的上司史坦普少校，在一次火

箭減速超重試驗中，因儀器失靈發生了事故。墨菲發現，測量儀表被一個技術人員裝反了。由此，他得出的教訓是，如果做某項工作有很多種方法，而其中有一種方法將導致事故，那麼一定有人會按這種方法去做。在事後的一次記者招待會上，史坦普將其稱之為「墨菲定律」，並以極為簡潔的方式作了重新表述，「凡事可能出差錯，就一定會出差錯」。

在職場中，我們也經常會遇到類似的倒楣事情。上班時，你難得靠在椅背上鬆一口氣，偏偏這個時候老闆就出現在你面前。上班來晚了，去公司的路上就怕碰見上司，最後居然真的就撞見他了。

墨菲定律告訴我們，一件事情只要存在不安全因素，只要這件事有變壞的可能，如果不及時採取有效措施進行制止，不迅速堵塞漏洞，就一定會釀成「大禍」。

大家都說依晨「聰明」，因為他懂得作秀，只要老闆在的時候，他就賣力工作，做完自己的工作，還幫著別人做其他的事情，總之，你看不到他閒著。老闆看在眼裡，非常高興。但是老闆不在的時候，他就變成了另一個人，上網聊天、玩遊戲，或者和同事打屁，他覺得老闆在的時候努力工作就可以了，老闆不在的時候偷偷懶無所謂，反正老闆也看不見，心裡還暗暗高興，覺得自己這樣做很聰明。

就像大多數人都逃脫不了墨菲定律的魔咒一樣，依晨也不例外。一天，老闆剛出去不久竟然突然回到公司，這時他正斜坐在椅子上喝著咖啡，還翹著二郎腿，心裡哼著歌，一派悠閒自在的模樣，老闆一看臉馬上就垮了下來。等待他的將是什麼結果？大家可想而知。

　　我們必須防微杜漸，一旦發現問題，要及時糾正，以避免更壞的結果產生。絕對不能存在這樣的心理：萬一能混過去呢？說不定老闆會注意不到，先給上司看看再說。如果總抱著這種僥倖心理，那麼一定逃脫不了墨菲定律的魔咒。

KEYWORDS 66
帕金森定律

　　彼得原理、墨菲定律和帕金森定律，被稱為20世紀西方文化的三大發現。與前兩個定律一樣，帕金森定律也是以其發現者的名字命名的。諾斯古德‧帕金森（Cyril Northcote Parkinson，1909─1993）是英國的歷史學博士，曾在哈佛大學擔任教授。

　　1957年，他在馬來西亞一個海濱渡假時，悟出了一個定律，後來他將自己思考的結果發表在倫敦的《經濟學人》期刊上，一舉成名。「帕金森定律」一書出版以後，被翻譯成多國語言，在美國更是長踞暢銷榜榜首。

　　在「帕金森定律」一書中，帕金森講了一個老太太寄明信片的故事：一位老太太要給侄女寄明信片，她用了1個小時找明信片，1個小時選擇明信片，找侄女的地址又用了30分鐘，1個多小時用來寫祝賀詞，決定去寄明信片時考慮是否帶雨傘又用去20分鐘。做完這一切，老太太已經疲累不堪了。

　　類似的情形在工作中可謂是屢見不鮮。我們可以在10分鐘之內看完一份報紙，也可以看半天，同樣的事，一個工作特別忙的

人可能花費5分鐘在上班途中就順手做了，而喜歡拖延的人卻可能做一天都做不完………。

由此，帕金森認為，工作會自動占滿你所有可用的時間，如果你給自己安排了充裕的時間去完成一項工作，你就會放慢節奏，或者增加其他項目以便用掉所有的時間。但是，在這種時間彈性很大的環境中，人並不會感到輕鬆，相反地會因為工作的拖杳、膨脹而苦悶、勞累，因而精疲力竭。

在「帕金森定律」一書中，作者重點闡述了在機構中人員膨脹的原因及其後果。帕金森認為 一個不稱職的官員，可能有三條出路，第一是申請退休，把位子讓給能幹的人；第二是讓一位能幹的人來協助自己工作；第三是任用兩個水準比自己更低的人來當助手。這第一條路是萬萬走不得的，因為那樣會喪失許多權力；第二條路也不能走，因為那個能幹的人會成為自己的對手；看來只有第三條路最適宜。於是，兩個平庸的助手分擔了他的工作，他自己則高高在上發號施令，他們不會對自己的權力構成威脅。兩個助手既然無能 他們就上行下效，再為自己找兩個更加無能的助手。如此類推，就形成了一個機構臃腫、人浮於事、相互推諉，形成效率低下的組織體系。由此，帕金森得出結論：在行政管理中，行政機構會像金字塔一樣不斷增多，行政人員會不斷膨脹，每個人都很忙，但組織效率卻越來越低下。

帕金森用英國海軍部門的人員統計資料，證明了帕金森定律

的存在。1914年皇家海軍官兵有14.6萬人，而基地的行政官員、辦事人員有3,249人。到了1928年，官兵降為10萬人，但基地的行政官員、辦事人員卻增加到4,558人，增加了40%。帕金森定律深刻地揭示了行政權力擴張所引發的人浮於事、效率低下的「官場傳染病」。

因為帕金森定律的存在，我們在工作中一定要注意以下兩點。

第一，給自己很多時間完成一件工作，並不一定就能做好，時間太多反而會使你懶散、缺乏原動力、效率低，可能還會大幅度降低效率。所以，對待任何工作都要有緊迫感，在規定的時間內高品質地完成，不要一味地拖延。

第二，作為管理者，必須建立公正、公開、平等、科學、合理的用人制度，使其不受人為因素的干擾。

KEYWORDS *67* 奧肯定律 ‖ KEYWORDS *68* 菲利普曲線

　　身處職場，我們都必須面對一個問題：失業。這兩個字的字面意思很好理解，就是沒有工作。但就是這樣一個貌似簡單的概念，不僅讓經濟學家們發展出了各種各樣的理論，而且引起了非常大的爭論。

　　我們說的「沒有工作」其實是一種結果，產生這種結果的原因有很多種，有的人失業是因為沒有工作能力；有的人顯然有工作能力但不願意工作，因為家裡有錢或者覺得薪水太低；還有的人既有能力也願意工作但卻死活找不到工作……等等。到底哪種情況下才算是失業呢？經濟學家們普遍認同的定義是，「有勞動能力並願意工作的人，得不到適當的就業機會」。根據這個定義，如果一個人沒有工作　是因為不願意工作，或者不去尋找工作，那麼他就不算是失業者。經濟學家在統計失業率的時候，都是將失業者作為分子，而將勞動者作為分母。

　　根據失業原因的不同，經濟學家們區分了以下三種不同類型的失業。

第一種是摩擦性失業。這是指由於正常的勞動力流動而引起的失業，例如，換工作或者找新工作。

第二種是結構性失業。這是指由於勞動力的供給和需求不匹配所造成的失業，其特點是既有失業又有職位空缺，原因是失業者技能不匹配或居住地不當，因此無法彌補現有的職位空缺。例如，手機的興起代替了呼叫器，以前從事呼叫器製造的工人只能失業，但又無法短期內掌握手機製造的技能。而手機製造商因為需求大增又無法招募到足夠的技術工人。

第三種是週期性失業。是指在經濟週期中的蕭條期或衰退期，因需求下降造成的失業。原因是整個經濟的支出和產能降低。例如，2008年的經濟危機之後，很多工廠倒閉，工人只能被迫失業。

與前兩種失業相比，週期性失業對經濟發展的危險更大。經濟學家凱恩斯將週期性失業定義為是非自願失業——工人願意接受現有薪資價格，卻仍然找不到工作的失業。與之相對應，摩擦性失業和結構性失業就都屬於自願失業，工人不願意接受現有薪資而形成的失業。

我們都知道，凱恩斯的學說對於1933年經濟大蕭條之後，美國的宏視經濟政策具有十分重要的影響，因此被譽為「戰後繁榮之父」。凱恩斯主義的理論體系是以解決就業問題為中心。為

此，他提出了「充分就業」的概念。所謂「充分就業」是指在某一個薪資水準下，所有願意接受工作的人，都獲得了就業機會。充分就業不等於全部就業，而是仍然存在一定的失業，但所有的失業均屬於摩擦性的和結構性的，而且失業的間隔期很短。凱恩斯認為 解決失業和振興經濟的最好辦法，就是政府直接干預經濟，採取赤字財政政策和膨脹性的貨幣政策，來擴大政府開支，降低利率，從而刺激消費、增加投資，以提高有效需求，實現充分就業。

關於失業與宏觀經濟的關係，很多經濟學家們都進行了這項研究，其中比較著名的有「奧肯定律」和「菲利普曲線」。奧肯定律描述的是失業與GDP的關係，而菲利普曲線則描述的是失業與通貨膨脹之間的關係。

奧肯定律由美國經濟學家亞瑟‧奧肯（Arthur M. Okun，1928—1980）提出，用來描述失業率和實際GDP之間的關係，其內容是，失業率每高於自然失業率（僅計算摩擦性失業和結構性失業）1%，實際GDP便比潛在GDP低2%。例如，假定失業率為8%，比自然失業率高2%，那麼按照奧肯定律，實際GDP就比潛在GDP低4%。奧肯定律可以用於解釋中國政府為什麼一定要經濟成長率保持在7%──GDP增長不低於7%──因為這件事關乎老百姓的就業問題。

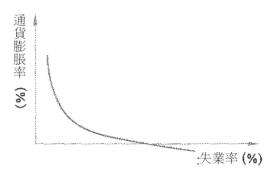

※ 菲利普曲線

　　菲利普曲線的提出者是紐西蘭經濟學家威廉·菲利普（Alban William Housego Phillips，1914－1975），是用來表示失業與通貨膨脹之間交替關係的曲線。其內容是：通貨膨脹率高時，失業率低；通貨膨脹率低時，失業率高。因為失業率高，表示經濟處於蕭條階段，這時薪資與物價水準都較低，從而通貨膨脹率也就低；反之，失業率低，表示經濟處於繁榮階段，這時薪資與物價水準都較高，從而通貨膨脹率也就高。這也是為什麼很多人覺得通貨膨脹不好，但政府還是要維持一定的通貨膨脹率的原因。

　　由此可見，失業問題不僅關乎個人職業發展以及家庭的幸福和諧，而且和國家經濟命運緊密相連。有了這種認識，我們在選擇行業、跳槽的時候，就應該更加審慎而為，特別是在經濟形勢不好的時候，更應該三思而後行。

PART

7

博弈經濟學——
不能不懂的博弈方法

KEYWORDS 69
柏拉圖最適

KEYWORDS 70
柏拉圖改善

　　老農夫有三個兒子，兒子長大之後，老農夫決定分家產。但是，分家之前要求三個兒子分別去種家裡的一塊旱地，誰種得好，將來誰就繼承家裡的地，剩下的兩個人會得到錢，然後去學手藝謀生。

　　這塊旱地想要收成好，必須要挖水渠從遠處的河裡引水灌溉，但是老農夫家的旱地與河之間隔著另一戶人家的地，想要引河水回老農夫家的地，必須要沿著相鄰地的邊緣挖水渠。這樣一來，水渠太長，一路上損失的水太多，根本無法灌溉這塊旱地。

　　第一季老大來種，因為想不到辦法解決灌溉問題，他乾脆直接幫相鄰的地灌溉了，獲得了鄰居的稱讚，自己家的地沒灌溉成，收成不好。第二季二兒子來種，他直接把旁邊的田埂都挖了，淹了旁邊的地，把水引到自己家，最後收成是很好，但是旁邊那塊地裡的莊稼被淹了，必須賠償損失。第三季小兒子來種，他和旁邊那塊地的主人商量著從人家的地中間橫挖了一條水渠，這樣既澆灌了自家的地，順便也把旁邊的地也澆灌了。

　　於是，老農就留下了想出利人利己計畫的小兒子在家種

地。這個故事用現代的流行語來說，就是創造「雙贏」。它的理論根據，就是搏弈理論中的一個重要概念，叫作「柏拉圖最適」，義大利經濟學家維弗雷多‧柏拉圖（Vilfredo Federico Damaso Pareto，1848－1923）最先提出和使用了這個概念。這個概念的意思簡單解釋，就是指一種資源分配的最佳狀態，在這種狀態下，人不可能在不傷害某些人利益的情況下，就能使另一些人獲利。

很多時候，我們都認為想利己，就會傷害他人；或者是想利人，就會傷害到自己，這是一個盲點。中國人認為犧牲自己的利益是崇高的，捨己為人沒有錯，但是，盲目的犧牲就不值得讚揚了。在「犧牲」之前，先努力思考一下，怎麼能將資源做最合理的調配，達到利人利己的目的。舉個很簡單的例子，同一種零食，分成小包裝和大包裝，仔細計算會發現，大包裝的零食按照比例來說，價格比小包裝的同等質量的零食要便宜。從商家的角度來說，大包裝也比小包裝在同等質量下節省成本，這就是一個很明顯的雙贏策略，也就是所謂的「柏拉圖最適」。

在「柏拉圖最適」的基礎上，還有「柏拉圖改善」，指的是在不傷害任何一方利益的情況下，通過改進資源的配置，以增加某一方的利益。想要進行「柏拉圖改善」，就需要有閒置的資源，就像上面的故事中說的老農夫的小兒子，他看出來鄰居家的田地裡，有可以開闢水渠的地方。

在工作生活中，也常常可以用到「柏拉圖最適」和「柏拉圖改善」。例如在談判中，與其為了自己的利益與對方硬碰硬，不如把眼光放在對方的閒置資源上，想出更好的方案，實現雙方利益的最大化。這樣，不僅僅是這次的合作很有可能談成，雙方的長期合作也是有希望達到的。

和同事相處也是一樣，踩著別人往上爬，固然是本事，但是，這樣的鋒芒畢露也許會招來同事甚至是老闆的猜忌。而儘量把自己追求晉升的方法變成良性競爭，也許做不到十全十美，但是起碼今後的道路上不會全是自己的敵人。

生活中也是如此，在家庭生活中合理分配資源，會在個人理財大有進步。同時，合理利用自己的時間資源，也能讓生活和工作之間取得一個良好的平衡。

KEYWORDS 71
負和遊戲

在很久以前，北印度有一個技術高超的木匠，擅長製作人物雕塑，他製作的女郎可謂是容貌豔麗、穿戴時尚，而且還能活動自如，就像真人一樣，唯一不足的地方就是不會說話。在當時，南印度有一個畫師技藝也非常了得，他畫的畫遠近馳名。有一回，畫師來到了北印度，木匠得知此事後，熱情地邀請畫師來自己家裡做客，並讓木女郎為其斟酒、端菜，照顧得非常周到。

畫師看到這個女郎這麼漂亮，還這麼能幹，於是心生愛慕之情，木匠也看得出來，但卻故作不知。酒足飯飽之後，天也黑了，於是木匠就回屋裡睡覺，臨走之前，他故意把木女郎留下來，並對畫師說：「讓她伺候您吧。」畫師聽後高興地點了點頭。

等木匠走了之後，畫師見女郎一臉嬌羞，更加喜歡了，便讓她過來，但是女郎一聲不吭，絲毫沒有動靜。畫師以為是她害羞，就上前來拉她，這才發現，她竟然是個木頭人，頓時心生慚愧之情，心想，我好傻，被這個木匠愚弄了。

畫師越想越生氣，就想辦法來報復木匠，他在門口的牆上畫

了一幅自己的肖像，穿著跟自己一模一樣，並畫了一條繩子在脖子上，像是上吊死去的樣子，還畫了一隻蒼蠅，叮在了畫中人的嘴上。畫好之後，畫師就躲到床底下睡覺去了。

第二天，木匠起來一直看不到畫師出來，於是就敲了敲畫師的房門，可是都沒有動靜，他透過門窗往裡面一看，竟然發現畫師上吊了。這下子嚇壞了木匠，馬上踹開門，用刀割去了繩子，等割下來的時候，竟然發現原來只是一幅畫而已，木匠也火了，衝上去就把畫師打了一頓。

這個故事就是負和遊戲的典型例子。負和遊戲就是博弈時兩個人都得不到好處，最終彼此都受到傷害，說穿了就是兩敗俱傷。上面這個故事裡面，本來可以皆大歡喜的，木匠和畫師原本可以互相切磋技藝，並且成為很好的朋友，但就是因為互相不服氣，最終一個被打，一個被愚弄。其實生活中 這樣的例子也不少，因為一點小事兩個人大打出手，結果一個被送進醫院，一個還得損失醫療費用；小倆口吵架，結果冷戰了一個月，傷了雙方的感情不說，還影響了孩子。總之，負和遊戲就是因為博弈雙方互不相讓，最終落得兩敗俱傷的慘痛結局。

負和遊戲的結果總和為負數，會兩敗俱傷，所以為了避免這種悲劇發生，我們要懂得寬容和諒解，不要在自己的心裡豎起一座堅不可摧的高牆，要試著去接受、去接納，只有這樣才能有圓滿的結局，不要因為一點小事就吵得天翻地覆，到最後其實都沒有贏家。

KEYWORDS 72
零和遊戲

　　兩位經濟學高手聚餐，兩個人都以為對方會請客，所以點餐時都點得很豪華，嚴重超出了兩個人的食量，兩人酒足飯飽之後，開始較勁，等著對方去結帳，可是雙方都無動於衷，這樣僵持了半個小時，兩個人終於達成協議，決定採取AA制，各付一半。

　　結完帳後，甲覺得很不甘心，想羞辱乙一頓，於是，指著眼前的一盤剩菜殘羹說：「如果你把這盤剩菜吃了，我就給你100萬元。」乙雖然覺得很難堪，但是一餐飯就花了這麼多錢，讓他覺得很不值得，於是，就把那盤對方吃剩的菜吃完了，甲如約給了乙100萬元。

　　兩人正要走出餐廳，乙突然覺得不甘心了，在這麼多人面前丟了面子，他決定給乙一點顏色瞧瞧，於是他對甲說：「如果你把我這碗剩飯吃了，我也給你100萬元。」

　　甲在心裡反覆思量過後，毫不猶豫地將剩飯吃光了。於是，乙將甲剛剛給他的100萬元如數給了甲。

　　這樣，兩個人都達到了各自的目的，興沖沖地走出了餐廳。

餐廳外的冷風吹來，乙突然醒悟了過來，對甲說：「不對啊，我們誰也沒有賺到錢，卻都吃了對方的剩飯、剩菜。」

看完了這則笑話，我們都不由暗笑起兩位經濟學高手來，原來人愚昧起來，竟然可以這麼愚蠢。但我們也同樣需要反思，這樣的事其實經常發生在我們身旁。甚至發生在我們自己身上。譬如當與人意見不合時，對方出言不遜、大罵出口，不甘受辱，反唇相譏，兩人互相對罵，難聽的話不絕於耳，最後，兩個人都覺得罵得很痛快，最後雙雙揚長而去。

這跟上面兩個經濟學家有何區別呢？沒有！

在經濟學中，這樣的情況被稱為「零和遊戲」，是指參與博弈的雙方，一方的收益正是另一方所損失的，一方所損失的正是另一方所得到的，從整體來看，兩個人共同的收益為「0」。發生的所有事並不能使雙方的所有收益增加一分，通俗地講，這便是我們經常說的「損人不利己」。

日常生活中，類似這樣的事還有很多，例如，打撲克牌、下象棋，這些都是典型的「零和遊戲」，一方的勝利，必定意味著對方的失敗，最多是打成平手，不可能出現雙方都贏的情況，遊戲的總成績永遠為零。

從個人到國家，從政治到經濟，類似這樣的事多不勝數，假如僥倖獲勝，我們自然覺得光榮無比，不自覺地喜笑顏開，然

而，在勝利者的光彩後面卻常常隱藏著失敗者的痛苦與辛酸，這種快樂是建立在別人的痛苦之上，長此以往，這個世界將成為弱肉強食，反過來說，我們也將成為這個世界的受害者。

只有雙贏，才是社會進步的大趨勢，通過有效合作，我們完全可以實現互利共贏，達到皆大歡喜的目的。這就必須雙方在合作的過程中，拿出真誠的精神和合作的勇氣，不耍小聰明、不占小便宜。這樣，雙贏的局面也就很容易實現了。

KEYWORDS *73*
正和遊戲

　　一天，商人、農民、工人、企業家和教師聚在一起，大家開始爭論各自職業的重要性。

　　大腹便便的商人說：「如今是商品經濟推動了社會的發展，如果沒有我們商人，你們根本沒有辦法買到其他城市，還有國外的商品，也進口不了那些先進的生產機器，更別提什麼對外合作了。」

　　工人不服氣地說：「如果沒有我們工人，你們那些機器不就像廢物一樣嗎？」

　　企業家聽到這些話，鬍子一翹說：「你們工人無非就是生產東西，做那些簡單的體力勞動，真正創造價值的是我們這些管理人員。沒有我們的決策和頭腦，世界根本不可能進步。」

　　這個時候，教師靦腆地站了起來，說：「如果沒有教師傳播知識和教育，就不能培養出那麼多人才來。」

　　農民聽到他們的爭論很生氣，大聲說：「你們每天吃的米飯和菜，還有那麼多國際大酒店，如果沒有我們農民把菜種出來，你們全部都得餓死，還提什麼經濟和發展？」

　　商人這個時候接過話來：「還是我們商人最重要，沒有我

們，這些菜也不可能進入市場，不進入市場又怎麼能進入百姓的
生活？」

　　大家吵得非常凶，直到最後也沒有得出結論，到底誰最重
要。這個時候 他們吵架的聲音傳到了上帝的耳朵裡，他只說了
一句，大家就安靜了：「只有你們相互合作，世界才能和諧進
步。」

　　在博弈理論中，除了負和遊戲、零和遊戲（二者統稱為非
正和遊戲）之外，更多的情況其實是正和遊戲（又稱為合作博
弈）。與非正和遊戲最終結果「非零即負」不同，正和遊戲可以
使博弈雙方的利益都有所增加，或者至少一方利益增加，而另一
方利益不受損害，因而整個社會的利益便有所增加。

　　正和遊戲研究的是人們達成合作時，如何分配合作所得到的
收益，即收益分配問題。至於如何分配，取決於博弈各方的力量
對比和技巧運用。而非正和遊戲是研究人們在利益相互影響的局
勢中如何使自己的收益最大，也就是策略選擇的問題。正和遊戲
與非正和遊戲的重要區別，在於前者的合作者之間的資訊互通和
建立有效且可執行的契約。

　　某市有兩個互相競爭的果菜市場，一直由兩家果菜公司獨自
經營。根據市場管理部門的建議，為了方便民眾的生活，兩個果
菜市場應在早市或黃昏輪流營業，每家公司可任意選定開市的時
間。如果是經營黃昏市場，果菜的運輸比較便宜，而且新鮮；如

果是經營早市，運輸成本偏高，但人們比較習慣在早晨買菜。所以，早市銷量大。如果黃昏的果菜比早市便宜許多，市民們也會到黃昏市場去買菜。一般情況下，每戶居民一天最多採購一次蔬菜。在這種情況下，兩家果菜公司究竟應該經營早市，還是經營黃昏市場呢？雙方是否應該合作？我們假設各種情況下雙方的營利如下圖所示：

<table>
<tr><td rowspan="2"></td><td rowspan="2"></td><td colspan="2" align="center">乙公司</td></tr>
<tr><td align="center">早市</td><td align="center">黃昏市場</td></tr>
<tr><td rowspan="2">甲公司</td><td align="center">早市</td><td align="center">甲得 12，乙得 12</td><td align="center">甲得 20，乙得 30</td></tr>
<tr><td align="center">黃昏市場</td><td align="center">甲得 30，乙得 20</td><td align="center">甲得 18，乙得 18</td></tr>
</table>

※ 市場正和遊戲的博弈矩陣

　　如果雙方有良好的合作基礎，願意長久保持合作，並且確實是在盡力為民眾提供方便，那麼兩家公司約定，一家經營早市，另一家經營黃昏市場，並且定期輪換。這樣一來，甲公司和乙公司的收益分別是20和30 或者是30和20。由於是定期輪替，所以平均收益都是25。相對於大家都拚命想經營早市或黃昏市場來看，這是最佳的結果。但是，只有在雙方精誠合作、信守合約的情況下，才能實現這種最佳結果。如果這種合作的成本過高，或者兩家曾經發生過一些不愉快的事件，就會破壞合作的誠意。

現實生活中，我們經常會遇到這樣的情況，同一項任務，如果單憑一個人的能力和努力，那麼很不容易完成，而且失敗的概率也比較大；但如果有兩個或者兩個以上的人參與進來，那麼這項任務完成起來就會容易很多，並且節省時間，成功的概率也比較大。但想要達成合作往往需要大家事先商量好，完成任務之後各自都會得到什麼利益。

KEYWORDS *74*
奈許均衡點

　　在一次的遊戲課上 老師拿出了100美元要求學生兩人、兩人分組，相互配合，分好組之後，老師要求所有的組員分開，穿插在其他組員之間，組員之間不能相互商量，各自在紙上寫下自己心中想要的理想數字，這個數字代表你想得到的錢的數目。

　　說到這裡，所有的學生都睜大了雙眼，面面相覷。老師又補充說，如果兩個人寫出的錢數之和等於或者小於100，那麼這兩人就可以得到自己寫在紙張上的錢；反之，如果兩個數字之和大於100，那麼，這兩個人就必須拿出超出部分的錢來作為班費。

　　課堂上開始變得安靜，每個人都思考了一會兒，然後在紙上畫了又寫，寫了又畫，很多人在最後決定了數字。接著，老師要求學生相互檢查寫下的數字，看有沒有哪一組可以得到相應的錢，結果，沒有一個組加起來的數字比100還要小，也就是說，每個人都想要得到更多的錢，希望從老師手上獲得那100美元中的大部分，結果卻適得其反，反而都要自己掏腰包，充實班費。

　　得到這個結果，學生們都深感意外，原本是一件能賺錢的事，為什麼很少有人可以賺得到錢，卻反而通通賠錢了呢？原因

很簡單，沒有誰能容忍別人比自己強，或者別人比自己獲得更多的利益。那麼要怎樣才能讓雙方都獲利呢？這就涉及博弈論中的一個重要概念——奈許均衡點。

所謂「奈許均衡點」，指的是參與人的一種策略組合，在該策略組合上，任何參與人單獨改變策略都不會得到好處。換句話說，如果在一個策略組合上，當所有其他人都不改變策略時，沒有人會改變自己的策略，則該策略組合就是一個奈許均衡點。

奈許均衡是針對非合作博弈而言的。在上面這個100美元的例子中，無論學生寫什麼數字，每組加在一起的總收益都不會超100美元，所以這個博弈是非合作博弈。在這種情況下，最佳的策略是找到雙方都能獲利的均衡點，例如，兩人都以100美元的一半（50美元）為臨界點，無限接近這個臨界點，但是雙方都要遵守不跨越這個臨界點的原則，那麼，這100美元也就會被平均分配，這樣至少大家都不會虧錢。在（50，50）這個策略組合上，如果有任何一方單獨改變了策略（寫的金額比50大），那麼都不會得到好處。換言之，如果其中一人不改變策略，那麼另一人也不會改變，這就是「奈許均衡點」。

奈許均衡點的提出者是著名經濟學家、博弈理論的創始人約翰‧奈許(John Nash，1928—2015)，很多人知道他是因為他的傳記式電影《美麗境界》。約翰‧奈許因為在非合作博弈的均衡分析理論方面作出了開創性的貢獻，對博弈論和經濟學產生了重大

影響，因而獲得了1994年諾貝爾經濟學獎。奈許的研究奠定了現代非合作博弈論的基石，徹底改變了人們對競爭和市場的看法，後來的博弈論研究，基本上都是沿著這條主線展開的。

在商業社會中，到處可以看到奈許均衡點的影子。以兩家公司的價格大戰為例，奈許均衡點意味著兩敗俱傷的可能：在對方不改變價格的條件下，既不能漲價，否則會進一步喪失市場；也不能降價，因為會出現賠本銷售。於是兩家公司可以改變原先的利益格局，通過談判尋求新的利益評估分攤方案，也就是「奈許均衡點」。

與其它經濟學概念一樣，奈許均衡點只是對經濟社會現象的一種邏輯化的抽象概念，是一種分析方法，其本身並無價值判斷。假如我們簽訂一個合約，如果沒有任何外在強制力，大家都積極地去遵守這個合約，那麼這個合約就是一個奈許均衡點，可以看作是好的奈許均衡點；反之，就是壞的奈許均衡點。

KEYWORDS *75*
囚徒困境

　　警察抓了兩個嫌疑犯，對他們的偷竊行為進行審訊，由於兩人誰都不肯吐露事實，檢察官於是決定將兩人分別交給不同的警員來審問。

　　檢察官分別對兩人說了下面這一段話，以此來分化和瓦解對方：「原本已經有了確切的證據證明你們的偷竊行為，你將會被監禁1年，但是現在給你一個將功贖罪的機會，如果主動揭發同夥的所有罪行，我們將對你從輕發落，而你的同夥會被判10年監禁。如果你不肯坦白，但你的同夥如實檢舉了你的罪行，那麼，你的同夥會被釋放，而你要服刑10年。」

　　「如果我們兩人都坦白呢，檢察官？」嫌犯這時候有點耐不住性子的問道。

　　「那麼你們將同時被判刑8年。」檢察官說道。

　　坦白還是抵賴？兩個嫌犯都不知道該怎麼辦？因為無論哪一個嫌犯都不清楚對方的心思，不知道對方會做出什麼樣的決定。雖然兩個嫌犯都想要獲得自由，但如果對方坦白了，那麼自己將遭受更嚴重的刑罰。但同時，兩人都處於封閉的狀態中，對於對方的想法完全不知情。

最終，兩個嫌疑犯都選擇了坦白，被同時判刑8年。為什麼會出現同時坦白的結果呢？因為在無法得知對方想法的情況下，不管同夥如何選擇，自己的最優選擇都是坦白，如果同夥抵賴，自己坦白的話可以被釋放，抵賴的話要判刑1年，坦白比不坦白好。如果同夥坦白，自己也坦白判刑8年，比起抵賴被判刑10年，坦白還是比抵賴要好（見下圖）。所以，兩個嫌犯最終都選擇了坦白，各判刑8年。比起兩人都抵賴，各判刑1年來說，這顯然不是最好的結果。但這對「柏拉圖改善」辦不到，因為它不符合人類的理性要求──個人利益的最大化。

		甲罪犯	
		抵賴	坦白
乙罪犯	抵賴	兩人同樣服刑 1 年	乙服刑 10 年 甲獲釋
	坦白	甲服刑 10 年 乙獲釋	兩人同樣服刑 8 年

※ 囚徒困境的博弈矩陣

囚徒困境所反映出的深刻問題是，人類的個人理性有時能導致集體的非理性──聰明的人類會因自己的聰明而作繭自縛。生活中，我們也常常遇到這樣的囚徒困境。例如，在一個合作案中，大家都想偷懶而指望從別人的工作中獲得好處，再如，企業之間的價格戰，每個企業都希望降低價格來吸引更多的消費者；

企業播放廣告也是囚徒困境的結果，如果別人播放了大量的廣告，那麼你最好也跟著這麼做，以避免市場被別人搶去，而如果別人不做廣告，那你還是應該要做廣告，以此來佔有市場。

在囚徒困境中 不管什麼樣的參與者，都想根據自身利益做出最佳選擇，但結局卻不是最優的。要想破解囚徒困境，我們需要引入更多的機制。首先，要掌握足夠的資訊，不能像兩個罪犯一樣被封閉著；其次，雙方要有充分的溝通，尋求共同的利益基礎。最後，雙方都要保證不做出背叛的行為。其中，最核心的是第三點。在囚徒困境中，要想實現最優結果，雙方必須訂定攻守同盟，約定互相不背叛，一旦背叛將遭受更嚴厲的報復。所以，聰明的合作者一般都會簽訂詳細的協議，以此來確定合作原則，一旦有一方背叛了這些原則中的某些條款，那麼也就背叛了對方，要受到協議的制約和懲罰。

KEYWORDS *76*

獵鹿賽局

　　獵鹿賽局源自啟蒙思想家盧梭的著作：《論人類不平等的起源和基礎》中的一個故事。

　　古代村莊有兩個獵人。當地的獵物主要有兩種，鹿和兔子。如果一個獵人單兵作戰，一天最多只能獵到4隻兔子。只有兩個人一起去才能獵到一隻鹿。從填飽肚子的角度來看，4隻兔子能保證一個人4天不挨餓，而一隻鹿卻能讓兩個人至少吃10天。不妨假設兩個獵人分別叫做A和B，兩人博弈的各種情況見下圖。

		獵人 A	
		抓兔	獵鹿
獵人 B	抓兔	A，B 均得 4	A 得 0，B 得 4
	獵鹿	A 得 4，B 得 0	A，B 均得 10

※ 獵鹿賽局的博弈矩陣

　　圖中每一個格子都代表一種博弈的結果。具體來說，左上角表示獵人A和B都抓兔子，結果是獵人A和B都能吃飽4天；左下角表示獵人A抓兔子，獵人B獵鹿，結果是獵人A可以吃飽4天，B則一無所獲；右上角表示獵人A獵鹿，獵人B抓兔子，結果是獵人A一無所獲，獵人B可以吃飽4天；右下角表示獵人A和B合作獵捕鹿，結果是兩人平分獵物，都可以吃飽10天。

　　在獵鹿賽局中，根據奈許均衡點的定義，可以得到該博弈有兩個奈許均衡點：要麼分頭去抓兔子，每人吃飽4天（左上角）；要麼合作獵鹿，每人吃飽10天（右下角）。

　　兩個奈許均衡點代表兩個可能的結局，到底哪一個會最終發生呢？這無法通這奈許均衡點本身來確定。但是，這裡有一個明顯的事實是，兩人一起獵鹿比各自抓兔子可以讓每個人都受益更多。按照經濟學的說法，與分頭抓兔子相比，合作獵鹿是一種柏拉圖改善，因為不僅整體的福利改進了（20:8），而且每個人的福利都得到了改善（10:4）。換言之，通過合作獵鹿，不僅使一方的收益增大了，而且其他各方的境況也都不受損害。

　　在現實的經濟世界，企業間的強強聯合就很接近於獵鹿賽局的柏拉圖改善，跨國汽車公司的聯合，銀行的合併等，均屬於此列。強強聯合造成的結果是資金雄厚、生產技術領先、在世界上佔有的競爭地位更優越，發揮的影響更顯赫。其實質效益就是通過合作將餅做大，雙方的效益也就越高。比如寶山鋼鐵公司與上海鋼鐵集團強強聯合，寶鋼有資金、效益、管理水準、規模等各

方面的優勢，上鋼也有生產技術與經驗的優勢。兩家公司聯合之後充分發揮各自優勢，發掘更大潛力，形成一個更大的競爭力，將餅做得比原先兩個餅的總和還要大。

必須注意的是，在獵鹿賽局中 前提條件是兩個獵人的能力相當，貢獻度相等，分配公平。如果有一個獵人的能力強、貢獻大，他就會要求得到較大的利益，這可能會讓另一個獵人覺得利益受損而不願意合作。

不妨做這樣的假設，獵人A比獵人B狩獵的能力水準要略高一籌，但B獵人是酋長的兒子，擁有較高的分配權。可以設想A獵人與B獵人合作獵鹿之後的分配，不是兩人平分成果，而是A獵人僅分到了夠吃2天的鹿肉，B獵人卻分到了夠吃18天的鹿肉。這種情況下，整體效率雖然提高了，但卻不是柏拉圖改善，因為這傷害了獵人A的利益。我們假設，具有特權的獵人B會通過各種手段讓獵人A乖乖就範。但是獵人A的狩獵熱情遭到傷害，這必然會導致整體效率的下降。合作共贏的道理大家都懂，現實中很難合作的原因就在於此。合作是要求博弈雙方學會與對手共贏，充分照顧到合作者的利益。

KEYWORDS 77
智豬博弈

　　一大一小兩頭豬被關在同一個豬圈裡，豬圈很長，一端有一個踏板，另一端則是食物的出口和食槽。兩頭豬要想進食，先要跑到豬圈的另一端踩下踏板，然後再跑回這端的食槽。如果一頭豬跑過去踩踏板，那麼另一頭豬就可以等在這端坐享其成；如果兩頭豬同時跑過去踩踏板，那麼大豬吃的就較多，而小豬吃的就較少，如果兩頭豬都不動，那就都吃不到食物了。

　　我們假設，豬每踩一次踏板，另一邊就會有相當於10份的豬食進槽，但是踩踏板以後跑到食槽加起來要消耗相當於2份的豬食。如果兩隻豬同時踩踏板，同時跑向食槽，大豬能吃到7份，淨收益5份，小豬能吃到3份，淨收益1份。如果大豬踩踏板後跑向食槽，而小豬等在食槽邊，可以吃到4份（小豬的食量最多只能吃這麼多）淨收益4份，大豬吃到6份，淨收益4份。如果大豬等在食槽邊，小豬去踩踏板，那麼大豬可以吃到9份，淨收益9份，小豬只能吃到1份，但要付出相當於2份豬食的體力，淨收益-1份。如果雙方都懶得動，那麼所得都是0。

	小豬	
	行動	等待
大豬 行動	大豬 5，小豬 1	大豬 4，小豬 4
大豬 等待	大豬 9，小豬 -1	大豬 0，小豬 0

※ 智豬博弈的博弈矩陣

　　在這種情況下，大豬和小豬分別會做出何種選擇呢？

　　我們先來看小豬，它如果跑去踩踏板，最多只能吃到3份，不踩踏板，反而有可能吃到4份。因此，對小豬來說，最佳的選擇就是舒舒服服地等在食槽邊。反觀大豬，由於小豬有「等待」這個優勢策略，大豬只剩下了兩個選擇：要麼等待，然後1份也吃不到，要麼乖乖踩踏板，可以吃到4份。所以，「等待」就變成了大豬的劣勢策略。當大豬知道小豬是不會去踩踏板時，心想去踩踏板總比不踩強多了，所以只好為了一點食物不知疲倦地奔忙於踏板和食槽之間。

　　在博弈論中，智豬博弈是一個著名的奈許均衡點的例子。其最大特色是給了競爭中的弱者（小豬）以等待為最佳策略的啟發。在博弈中，每一方都要想辦法攻擊對方，保護自己，最終取得勝利。但同時，對方也是一個與你一樣理性的人，他會這麼做嗎？這時就需要更高明的智慧。博弈其實是一種鬥智的競爭。

　　智豬博弈普遍存在於我們日常生活中，不管是在刀光劍影的戰爭中，還是在爾虞我詐的商業競爭中。例如，在某種新產品剛上市，其性能和功用還不為人所熟知的情況下，如果進行新產品生產的不只是一家小企業，還有其他家生產能力和銷售能力更強的企業，那麼，小企業完全沒有必要出頭，自己投入大量廣告做產品宣傳，只要採取跟隨策略即可。

　　在職場中，智豬博弈的情況更是非常普遍：「小豬」閒閒沒事做，滑頭又奸詐；「大豬」則疲於奔命，忙裡忙外，但收益還不如「小豬」多。因為，「小豬」篤定一件事：大家都是在一個團隊當中，如果有責罰也會大家都有份，再說大豬受責罰的可能性還會更大，因為他做的工作更多。

　　看起來「小豬」占盡了好處，但其實「小豬」有「小豬」的智慧，「大豬」也有「大豬」的優勢。做「大豬」雖然很累，但做「小豬」也不一定有多輕鬆！因為雖然工作可以偷懶，但私下裡「小豬」要花很多精力去維護人際關係，例如，討好上司和同事，如果這方面做得不好，那「小豬」的地位就會岌岌可危。

　　所以在職場中，我們提倡既不要一味地做「小豬」，也不要一味地做「大豬」，做「小豬」不是長遠之計，而做「大豬」也不是明智之舉，在工作中，既要勤勤懇懇付出，也要學會處事「圓滑」。

鬥雞博弈(懦夫博弈)

　　話說某一天，在鬥雞場上有兩隻好戰的公雞發生遭遇戰。這時，公雞有兩個選擇：一是退縮，二是進攻。如果一方退下來，而對方沒有退下來，對方獲得勝利，這隻公雞則會很沒面子；如果對方也退下來，雙方則打成平手；如果自己沒退下來　而對方退下來，自己則勝利，對方則失敗；如果兩隻公雞都進攻，則兩敗俱傷。

　　上述情況下，對每隻公雞來說，最優的選擇都是對方退縮，自己進攻，但此時卻面臨著兩敗俱傷的可能性。

　　不妨假設兩隻公雞如果都選擇進攻，結果兩敗俱傷，兩者的收益均為-2，也就是損失為2；如果一方進攻，另外一方退縮，前進的收益為1，後退的收益為-1（或者說損失1）；兩者均退縮，則同時輸掉了面子，收益為-1（或者說損失1）。

		公雞乙	
		進攻	退縮
公雞甲	進攻	甲 -2，乙 -2	甲 1，乙 -1
	退縮	甲 -1，乙 1	甲 -1，乙 -1

※ 鬥雞博弈的博弈矩陣

　　鬥雞博弈描述的是兩個強者在對抗衝突的時候，如何能讓自己佔據優勢，力爭得到最大收益，確保損失最小。鬥雞博弈中的參與者都是處於勢均力敵、劍拔弩張的緊張局勢中。這就像武俠小說中描寫的一樣，兩個武林頂尖高手在華山之上比拼內力，鬥得難分難解，一旦一方稍有分心，內力衰竭，就要被對方一舉擊潰。

　　鬥雞博弈中有兩個奈許均衡點，那就是一方進攻，一方退讓。當博弈中唯有一個奈許均衡點時，這個博弈的結果是可以預測的，如果有兩個或兩個以上的奈許均衡點時，結果就無法預測了。所以在鬥雞博弈中，我們是無法預測結果的，也就是不知道誰進誰退，誰輸誰贏。

　　鬥雞博弈的原型來自於20世紀50年代美國的一部電影，電影中有這樣一個情節：麥可和奈爾兩名賽車手博弈，規則要求兩人駕車沿著道路中線同時駛向對方，這樣會有撞車的危險。如果一人在最後時刻把車轉向，那麼這個人就會輸掉比賽，被視為懦夫；如果兩人都不肯轉向，兩車就會相撞，兩人非死即傷；而如果兩人同時將車轉向，在這個博弈中沒有獲勝者。也因如此，鬥雞博弈又被稱作「懦夫博弈」，看誰膽小服輸。

　　這顯然是電影虛構的場景，但在現實生活中也經常能見到，例如，兩人在馬路上「軋車」。從理性的角度看，應該是雙方合作，一方讓步，另一方前進，就好比是在狹窄的巷子裡面會車那樣，合作能確保雙方都能儘快通行。但很多時候往往事與願違，

由於互相都不理智、互相鬥氣，結果弄得兩敗俱傷。

　　鬥雞博弈的微妙之處在於，它似乎證明了在某種情況下，一個人越是不理性，就越有可能成為贏家，得到理想中較高的收益。我們可以把傾向於退避讓路的一方稱為膽小鬼，把勇往直前、堅持到底的一方你為亡命之徒。顯然，在博弈過程中，膽小鬼比亡命之徒更理性，因為丟面子比丟性命要划算得多。可是，正因為有了膽小鬼的這種理性，就使得亡命之徒更容易占到便宜，相比之下做個亡命之徒似乎更好一些。

　　按照鬥雞博弈的邏輯，如果覺得自己不如對方，心虛的話，倒不如先退下來，這樣的結果對自己也好，而且可以厚積薄發，以後再戰也不遲。如果覺得實力相差不大，也可以在氣勢上壓倒對方，那就應該儘量迫使對方先退。當然，這需要事先反覆試探才能做出對自己最有利的結論。

PART

幸福經濟學 ——
幸福不是命中註定

　　管仲是中國古代著名的哲學家、政治家、軍事家，經好友鮑叔牙力薦成為齊國的丞相，輔佐齊桓公成為春秋時期的第一霸主。管仲注重經濟，反對空談主義，主張改革以富國強兵。管仲給齊國制定的原則之一就是：「倉廩實則知禮節，衣食足則知榮辱。」管仲抓住了治國的根本，那就是：人民生活富裕，府庫財富充盈，禮儀就能得到發揚，政令才能暢通無阻。經過多年的治理，齊國很快就強盛起來。

　　由於管仲和齊桓公的成功，「倉廩實則知禮節，衣食足則知榮辱」歷來為後世所傳頌。這句話的字面意思是：糧倉充足了才能遵守禮儀，豐衣足食之後才會知曉榮譽和恥辱。用現代的眼光看，管仲的這句話非常符合馬克思政治經濟學中「經濟基礎決定上層建築」的理論。

　　所謂的「經濟基礎」，是指由社會在一定發展階段的生產力所決定的生產關係的總和，是構成一定社會的基礎。而所謂的「上層建築」，是指建立在經濟基礎之上的意識形態，以及與其

相對應的制度、組織和設施，在社會制度上主要指的是政治法律制度和設施。通俗地理解，經濟基礎是指物質生活，只有在物質生活得到了滿足的情況之下，才能發展精神生活（上層建築）。

經濟基礎決定上層建築的理論。用在個人身上，那就是說經濟收入決定了一個人的生活模式，而生活模式又決定其志趣愛好、思維習慣等。所以，要想過著比較幸福的生活，首先要有一定的「經濟基礎」。要確保物質生活的相對富足。當然我們也知道，僅僅有錢，如果精神生活貧乏，也很難有幸福可言。

中國有句古話叫「貧賤夫妻百事哀」，充分說明了「經濟基礎」在婚姻中的重要性，這也是中國人歷來講究「門當戶對」的原因所在。有人可能會覺得「門當戶對」是傳統思想，現代人不應該講究這些。但是，從經濟學的角度來看「門當戶對」是非常合理的。不管是愛情，還是婚姻，都屬於「上層建築」，是由「經濟基礎」決定的。公主與窮書生的愛情往往只存在於文學作品中。公主過的是「衣來伸手，飯來張口」的生活，錦衣玉食。而窮書生呢？吃的是粗茶淡飯，穿的是舊衣補衫。公主過兩天這樣的日子可能還覺得很新鮮、很好玩，但時間長了，一定受不了，最後只能勞燕分飛。

當然，歷史上也有富家女嫁給窮小子的案例。例如，卓文君夜奔司馬相如，看似「門不當戶不對」，但人家小倆口過得很舒服、很合適。為什麼呢？因為卓文君看重的是司馬相如的才華，

司馬相如可是潛力股，卓文君判斷他以後一定可以成大器。司馬相如也不辜負文君小姐的厚望，最終做了官，讓卓文君過上了好日子。

當然，所謂「門當戶對」，不僅僅是指經濟方面的對等，還要考慮男女雙方在知識水準、思想境界以及審美趣味等方面的因素，即人們經常說的相配。只有這樣，兩個人的感情才能穩固，才能不斷昇華。

「經濟基礎決定上層建築」只是一個普遍的原理，它可以用於解釋日常生活中的很多現象。我們既要看到「經濟基礎」的決定性作用，同時又要考慮「上層建築」的獨立性和反作用。只有物質生活和精神生活都富足了，才是真正的幸福。

KEYWORDS *81*
恩格爾係數

過去，中國人見了面，都會習慣這樣打招呼，問：「吃飯了嗎？」但這句在中國流行了許久的問候語，不知道什麼時候卻變成了「你好」。

子曰：「食色，性也。」食是人類得以生存的最基本要素，是人的本性。中國人都知道「民以食為天」這句話，對於老百姓來說，吃是天底下最大、最重要的事，所以，我們才形成了一個讓外國人很難理解的現象：不管在哪裡見面，不管何時見面，總要問對方，「吃飯了嗎？」。

「吃文化」已經深入中國人的骨髓裡，不僅如此，還深入我們生活的各個層面，例如，打人要說「吃拳頭」，行不通就說「吃不開」，受不了要說「吃不消」，不受重視則說「不吃香」，打官司說的是「吃官司」，可見，吃在人們心目中佔有多麼高的地位。

但為什麼「吃飯了嗎？」會慢慢被「你好」取代了呢？經濟學家告訴我們，這是因為隨著社會的進步，人們在吃上面的支出比例越來越少了，而在其他方面（如娛樂、休閒、藝術等領域）的支出漸漸增多。換句話說，我們的恩格爾係數降低了。

恩格爾係數是指食物支出總額占個人消費支出總額的比重，它是由德國經濟學家和統計學家恩斯特．恩格爾（Ernst Engel，1821－1896），在19世紀提出來的，用以衡量居民生活水準的高低。它的計算公式是：

$$\text{恩格爾係數} = \frac{\text{食物支出總額}}{\text{消費總支出}} \times 100\%$$

恩格爾係數越高，說明花在吃上面的比重越大，而花在娛樂、休閒、教育等精神層面的比重就越小；恩格爾係數越低，則說明花在吃上面的比重越小，而花在娛樂、休閒、教育等精神層面的比重就越大。

恩格爾係數越高，說明人的生活水準越低；恩格爾係數低，說明人的生活水準越高。因為吃飽飯是人最基本的生存條件，只有這個層次的需求獲得滿足後，消費才會向其他方面發展。如果連飯都吃不飽，還談什麼娛樂、教育等精神層面的事情。沒有人會餓著肚子去跳舞、彈琴、唱歌。總之，恩格爾係數告訴我們：吃得越多，說明越來越不幸福。

但是，恩格爾係數這個衡量標準也有失靈的時候，例如，有的人就喜歡吃，也懂得吃，不喜歡娛樂、旅遊、休閒等。所以，在吃上面所消費的比重就比較大，但這並不代表他的生活水準就不夠好。還有一點，中國人自古以來就省吃儉用，導致家庭總支出相對較低，因而恩格爾係數相對較高，但並不代表中國人的生

活不富裕，只是因為捨不得花而已。

　　總體上看，恩格爾係數還是可信的，國際上就常用它來衡量一個國家富不富裕。當一個國家的收入中用於吃飯的比例特別少的時候，說明生活水準較高，反之則較低。這有一個統一的標準，一般恩格爾係數在59%以上為貧困，50%—59%為溫飽，40%—50%為小康，30%—40%為富裕，低於30%為最富裕。

KEYWORDS 82
吉尼係數

　　在銀行工作的小王，畢業後第一年的年薪就達到了四十萬多元 加上平時的獎金補貼，最後賺到的，差不多有五十多萬元。而小王的同學卻沒那麼幸運，他畢業後進了一家私人企業，月薪只有二萬五千元，獎金補貼基本上可以忽略不計。

　　小凡和小歐也有類似的經歷。小凡畢業後就來台北工作，在一家廣告公司當企劃，一個月薪水三萬八千元，而小歐畢業後就在家鄉的小公司工作，雖然也是廣告公司，但一個月只有二萬二千元薪水。小歐打電話給小凡就抱怨：「為什麼你的薪水那麼高，你一個月的薪水都快抵我兩個月的薪水了。」

　　的確，一談起收入，很多人就有一肚子的苦衷和抱怨。證券、銀行、航空等行業的薪資要高於其他行業，他們都是以年薪計算，基本上都在六十萬元以上，多則上百萬元，而其他行業的薪水就少很多，平均也就三十萬元。薪資高低的原因在哪裡呢？是什麼導致了收入差距越拉越大，進而產生貧富差距也越來越大呢？

　　現實中，壟斷行業的高收入和高福利是一道冷酷且不公平的

符號。數據顯示，有些壟斷行業員工的收入要比平均薪資的水準
高出4—10倍。而且這種趨勢一直在擴大。此外，不同地區的薪
資水準也相差甚遠，大城市的薪水就比小城市的薪水高很多。

為了說明這個問題，我們需要引入經濟學上的一個重要關鍵
詞──吉尼係數。它是判斷收入分配公平程度的指標，也是國際
上用來綜合考察民眾內部收入分配差異狀況的一個重要的分析指
標。其具體含義是指，在全部民眾收入中，用於進行不平均分配
的那部分收入所占的比例。吉尼係數最大為1 最小為0。前者表示
民眾之間的收入分配絕對不平均，即100%的收入被一個單位的人
全部佔有了；而後者則表示民眾之間的收入分配絕對平均，即人
與人之間收入完全平等，沒有任何差異。但這兩種情況只是在理
論上的絕對化形式，在實際生活中一般不會出現。因此，吉尼係
數的實際數值只能介於0—1，吉尼係數越小，收入分配越平均；
吉尼係數越大，收入分配越不平均。

聯合國有關組織規定，吉尼係數低於0.2表示收入高度平
均；0.2—0.3表示比較平均；0.3—0.4表示相對合理；0.4—0.5表
示收入差距較大；0.5以上說明收入呈現兩極分化，極為嚴重，有
可能會引起社會動盪。國際上通常把0.4作為貧富差距的警戒線。

中國在1994年吉尼係數就超過了警戒線，達到了0.434，1998
年達到了0.456，1999年達到了0.457，2000年達到了0.458， 2001
年達到了0.459，2008年達到0.491的高峰之後有所回跌。這說明

中國的貧富差距非常大。吉尼係數越大，收入差距越大，老百姓的幸福感就越低，這已經成為當前世界各國政府面臨的難題之一。各國政府都在盡全力採取和實施各種政策和措施，為的就是要縮小貧富差距。

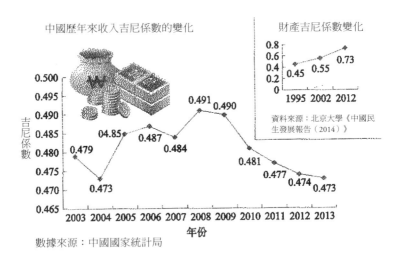

中國歷年來收入吉尼係數的變化

財產吉尼係數變化

資料來源：北京大學《中國民生發展報告（2014）》

數據來源：中國國家統計局

※2003─2013 年中國吉尼係數的變化

KEYWORDS 83
消費物價指數

　　最近在中國的網路上流傳這樣一則笑話：之前的百元大鈔上印有4個人的頭像，表示百元大鈔夠4個人吃一頓飯，現在的百元大鈔只印1個人的頭像，只夠1個人吃。雖然這是個笑話，卻反應出當前中國的現狀──錢變得不值錢了。因為錢的購買力下降了。從生活常識出發，我們都能感覺到這一點。10年前100元人民幣還是真正意義上的大鈔，而現在的100元只是一個日常生活中普通的貨幣計量單位。

　　有好事者煞有其事地分析了如今人民幣100元在古代都能買些什麼，得出的結論是：在南宋，租岳飛的房子，夠交半年的房租；在元朝，能買27.5斤白米；在明朝萬曆年間，能買到20斤豬肉；在康熙年間，能買到120斤白米。總之，無論和哪一個朝代相比，現在的100元都嚴重貶值了。

　　以上所說的歷史數據缺乏科學的可比性，現實生活中真實的情況是這樣的。

　　20世紀80年代的中國，100元＝71斤豬肉；476斤白米，50斤花生油；455斤蔬菜；400斤西瓜。

20世紀90年代的中國，100元＝21斤豬肉；330斤白米（1990年）；32斤雞蛋；38斤鯇魚。

2000年的中國，100元＝18斤豬肉；100斤白米、130斤蔬菜；125斤國產蘋果；33碗牛肉麵。

2010年的中國，100元＝7斤豬肉；40斤白米，50斤麵粉，約10斤花生油；25斤國產蘋果。

這就是為什麼中國的平均收入這些年來上漲了不少，可是幸福指數反而不高的原因，因為錢越來越不值錢了。經濟學上的說法就是，購買力下降了。經濟學上用於衡量購買力的一個重要指標就是消費物價指數，全稱為「民眾消費價格指數」，英文簡寫為CPI，所以又稱為CPI指數。它是度量一組代表性消費商品及服務項目的價格水準隨時間而變動的相對數。CPI指數測量的是隨著時間的變化，包括200多種各式各樣的商品和服務零售價格的平均變化值。這200多種商品和服務被分為8個主要的類別。在計算消費者物價指數時，每一個類別都有一個能顯示其重要性的權數。這些權數是通過調查成千上萬的家庭和個人購買的產品和服務而確定的。

「經濟基礎決定上層建築」的理論告訴我們，收入高才能幸福；「恩格爾係數」表明，收入用在「吃」上的比例越低，才能更幸福；「吉尼係數」則表明，收入差距越小，幸福感才會越高；「CPI指數」則告訴我們，收入增幅要「跑贏CPI」，否則就

會出現錢包厚了，購買力卻下降了的悲劇。

　　舉個簡單的例子，假設CPI指數為3.5%，而你的薪水只漲了
3%，那麼就相當於你的薪資降低了0.5%，因為你的實際購買力
下降了，這就是典型的沒有「跑贏CPI」。再例如，假定一年期
銀行定存利率為3%，而 CPI指數為3.5%，那麼你的投資收益明顯
也是負數，同樣沒有「跑贏CPI」。

幸福理論

經濟學家羅伯特・法蘭克(Robert H. Frank)曾經做過下面的實驗，讓人們在以下兩種情況中進行選擇：

A.住200平方米的豪宅，但是上下班的時間需要1個小時。

B.住100平方米的普通房子，上下班時間需要15分鐘。

法蘭克發現大多數人認為選擇A十分痛苦和不幸，因為交通擁擠的壓力更讓人難以忍受，所以大部分人還是會選擇B。

法蘭克在另外一個實驗中得到了類似的結果，他讓人們在下面兩個選項中進行選擇：

A.住200平方米的豪宅，但每天因為太忙而沒有時間鍛鍊身體。

B.住100平方米的普通房子，每天有一個小時的時間鍛鍊身體。

大多數人一開始都選擇了A，但後來越來越感覺還是B的生活狀態更幸福。因為鍛鍊身體是必需的，可以給人帶來幸福感。

基於實驗結果，法蘭克提出了「平行世界理論」，開始時隨著收入的不斷增加，人的幸福感是不斷增強的，但是存在著這樣一個界線，當收入超過這個界限的時候，幸福感會隨著收入的增

加而減少。

事實上，從20世紀70年代開始，經濟學家們就已經發現，經濟增長並不必然帶來幸福增加。總體上說，有錢人比窮人幸福，一個貧民窟的窮人突然變成中產階級，他會非常幸福。但在達到一定水準之後，金錢對幸福的影響程度會越來越小。因為，當一個人的收入增加時，他的期望值也在同步增加。而且，越看重金錢的人越不容易滿足，因為世界上的錢是賺不完的。

在《奢侈品狂熱》一書中，法蘭克說道：「錢還是能買到幸福，問題是大部分的人不知道到哪裡去買。我們追求的許多目標是與幸福相悖的……我們渴望某種東西，但它未必能帶給你快樂。人的幸福預測能力糟糕透了。奢侈品就是一個典型的例子，炫耀性消費所帶來的幸福感很容易被「適應原則」削弱和消除，但如果他花錢買更多的時間與家人或朋友相處，或者渡個較長的假期，接近大自然，則會帶來較為持久的快樂。」

經濟學家理查・伊斯特林（Richard Easterlin）通過系統研究收入與幸福之間的關係，發現了一個有趣的悖論：即收入增加並不一定導致幸福增加。這個論點被稱為「伊斯特林悖論」，也稱為「幸福理論」或者「幸福—收入之謎」。伊斯特林透過研究發現，生活在富裕國家的人們，其幸福感更高，但是隨著財富的不斷增加，幸福感增加的速度卻是比較緩慢的。在1974年出版的《經濟增長可以在多大程度上提高人們的快樂》一書中，伊斯

特林指出：通常在一個國家內，富人們的平均幸福和快樂水準高於窮人，但如果進行跨國比較，窮國的幸福水準與富國幾乎一樣高，其中美國居第一，古巴接近美國，居第二。

「幸福理論」成為一個現實而尖銳的世界性難題：我們越來越有錢了，工作越來越少，假期越來越長，享受著越來越多的旅行，壽命也不斷延長，而且健康狀況也越來越好，但並沒有越來越幸福。哈佛大學教授泰勒‧班‧沙哈爾（Tal Ben-Shahar）在《幸福的方法》中指出，1957年英國有52%的人表示自己感到非常幸福，但到2005年只剩下36%，而在這段時間裡，英國國民平均收入提高了3倍。

用於解釋「幸福理論」的理由有很多，其中核心的關鍵在於：當社會生產力發展水準不是很高的時候，人們收入較少，處於貧窮階段時，收入的增加，財富的增長無疑是人們幸福生活的重要影響因素；但物質豐裕並不是幸福的充分條件，人不僅要活著，而且要活得有意義、有價值。當溫飽問題得到解決之後，精神上的追求就顯得愈益迫切。所以在追求幸福的道路上，我們既要看到金錢的意義，但又不能陷入拜金主義的泥淖中。

KEYWORDS 85
幸福方程式

人真是個奇怪的存在，沒有錢不幸福，有了錢還是不幸福，而且還可能比沒錢更不幸福。那麼，到底怎麼樣才能幸福呢？

為了對幸福進行量化研究，美國經濟學家、諾貝爾經濟學獎得主保羅·薩繆森提出了這樣一個方程式：

$$幸福 = \frac{效用}{欲望}$$

這就是著名的幸福方程式，用於表達這個觀點：幸福與效用成正比，與欲望成反比。

根據幸福方程式，增加幸福的第一個手段就是增加效用。效用是人的一種滿足感，一般要通過消費某種商品或服務才能獲得，所以錢很重要，因為沒有錢就無法帶來滿足，也就談不上有效用。但按照「幸福理論」的原理，有錢也並不一定就幸福。一般來說，對於窮人來講，金錢與幸福的關係更加密切，而對於富人來講，金錢與幸福之間的關係就淡得多。

有一個富翁到了一個村子裡，看到一個老頭瘦骨嶙峋、衣衫襤褸便關心地問候了老人家的身體，並隨手把自己的一些錢給了老人家，老人家激動不已，老淚縱橫。能夠得到一大筆意外的錢財，對於老人家來說，可謂是莫大的幸福，因為老人家現在正需要金錢來改善現狀。但對於富翁來說，別人給他再多的錢財，都只不過是一個數字，在他的概念裡，錢跟幸福幾乎已經沒有什麼關聯了。

按照薩繆森的幸福方程式，要想獲得幸福，除了增加效用之外還必須最大限度地控制和降低欲望，只要你降低一分欲望，你便會得到一分幸福。

美國《快樂研究雜誌》刊登過一篇十分有趣的文章，這篇文章做出了一個結論： 48歲以後，男性逐漸變得比女性快樂。研究人員發現，年輕男性不快樂主要是因為在經濟上不滿足，想得到的東西太多，夢想太大，欲望太盛。因為理想與現實存在巨大的落差，年輕男性就會感到沮喪，而在進入中年以後，男性距離自己的夢想越來越近，對自己的家庭生活和財務狀況感到滿足。更重要的是，他們不再像年輕時那樣，認為名車、別墅會給自己帶來快樂，而是認為與孩子相處、家庭和睦才是生活的最終意義。其實，男性到了48歲才覺得有充足的幸福感，並不是來自於財富的累積，而是歷經世事後，降低了欲望，所以才提升了自己的幸福感。有句話說得好：「不論你是貧窮還是富裕，快樂是公平的。」

KEYWORDS 86
比較評價

　　下圖是超市中銷售的兩種霜淇淋，你會選擇哪一種呢？

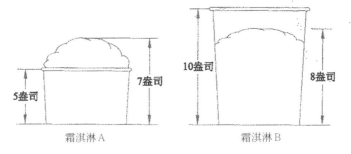

霜淇淋A　　　　　　　　　霜淇淋B

※ 選擇 A 還是 B？

　　按理說，無論從杯子的大小，還是霜淇淋的多少進行判斷，B杯都是佔優勢的，但是為什麼實驗證明：人們願意花2.26美元買只有7盎司的霜淇淋A，而不願意花1.66美元買8盎司的霜淇淋B呢？原因在於：人們在做決策時，通常不像傳統經濟學那樣去判斷一件物品的真正價值，而是根據一些較易評價的線索來判斷。這個例子中，杯子是否裝得滿就是「容易評價的線索」，人們據此決定給不同的霜淇淋支付不同的錢。

這個實驗反映的就是行為經濟學中的比較評價與單獨評價，兩者的區別在於是否存在比較對象。

　　生活中，你是否遇到過這樣尷尬的事情呢？帶著自己的朋友去相親，結果人家兩個人看對眼了，就把自己晾在一邊。這個問題就可以用比較評價與單獨評價來進行解釋。我們暫且把相親的人叫作甲，甲的朋友叫作乙。甲乙組合的情況有：甲漂亮，乙不漂亮；甲不漂亮，乙漂亮；甲和乙都漂亮；甲和乙都不漂亮。

　　相親其實是一個判斷對方，推銷自己的過程。在「甲漂亮，乙不漂亮」的情況下，甲應該帶乙去，因為比較評價的過程中，甲的優勢比單獨評價（甲一個人去時的評價）時更突出；在「甲不漂亮，乙漂亮」的情況下，甲不應該帶乙去，因為在比較評價過程中，甲不如乙漂亮，對方就會對甲產生不良的第一印象。

　　在甲和乙都漂亮或都不漂亮的情況下，應不應該帶乙去呢？這似乎很難抉擇。行為經濟學家提出的建議是：在甲和乙都漂亮的情況下，甲應該自己去；在甲和乙都不漂亮的情況下，應該兩個人一起去。

　　這是為什麼呢？行為經濟學家經過研究發現，當人們面對兩個整體質量差不多的選擇時，在單獨評價和比較評價時會產生不同的效果。至於甲和乙都漂亮的情況下，一個人去的效果會更好，因為在見面時，對方只能對她進行現場單獨評價，充其量只能把她和自己平常見過的其他人做比較，這樣一來，甲就有了優勢。但如果兩個人都去，對方做的就是比較評價，他就會把兩個

人比來比去，說不定還會發現甲不如乙的地方。

　　而在甲和乙都不漂亮的情況下，兩個人一起去的話，對方在兩個人之間做比較，從而能夠看出甲和乙的相對優勢，對甲來說，最起碼是有機會的。

　　同樣的道理也適用於對幸福的評價，幸福不僅取決於個體效用與欲望的平衡，而且還存在著比較評價與單獨評價的不同。很多時候，只有在與他人進行對比時，才能真正看清楚自己是否幸福。

　　一個窮人和一個富人是鄰居，窮人雖然沒有錢，日子過得清苦，但家庭和睦，不過他當然非常羨慕富人鄰居。但富人每天都憂心忡忡，一是因為擔心錢被別人盜走，二是因為一家人為了錢的分配鬧得雞犬不寧。富人看到窮人家過得那麼快樂，也非常羨慕。這個小故事告訴我們，與其羨慕別人的生活，不如踏實過好自己的日子。

　　有個年輕人總是抱怨自己的命不好，生活不幸福，整天除了愁眉苦臉就是唉聲嘆氣。

　　有一天，他遇到了一個白鬍子的老頭，老人問他：「年輕人，你怎麼這麼不高興？」

　　「我不知道為什麼老是這麼窮。」

　　「窮？我看你蠻富有的呀！」老人笑著說。

「哪有啊？我口袋裡沒多少錢。」年輕人傷心地說。老人繼續問道：「如果我把你的一根手指折斷了，然後給你1,000元，你願意嗎？」「不願意！」年輕人立刻回答。

「如果我把你的手砍斷了，給你一萬塊錢，你願意嗎？」「不願意！」

「如果現在我就讓你變成一個白髮蒼蒼的老人，給你100萬元，你願意嗎？」「不願意！」

「這就對了，你身上的錢已經超過了100萬元呀！」老人說完之後，笑呵呵地走了。

從這個小故事中，我們可以看出，老是覺得自己不如別人的人，是因為心裡擠滿了太多的負擔，無法欣賞自己真正擁有的東西。我們的生活越來越好，可是幸福感卻沒有增加，歸根究底就是因為我們老是拿自己與那些物質條件更好的人相比較。

經濟學家夏普（William Forsyth Sharpe，1934－）說，如果你想要幸福，有一件非常簡單的事情可以做，那就是與那些不如你的、比你更窮、房子更小、車子更破舊的人相比，這樣你的幸福感就會增加了。

KEYWORDS 87
邊際效用遞減

結婚前：從上往下看。

他：萬歲！終於到這天了！我都等不及了！

她：我可以離開嗎？

他：不，你甚至想都別想！

她：你愛我嗎？

他：當然！

她：你會背叛我嗎？

他：不會，你怎麼會有這樣的想法？

她：你會吻我嗎？

他：會的。

她：你會打我嗎？

他：無論如何都不可能。

她：我能相信你嗎？

結婚後：從下往上看。

為什麼結婚之前的情侶恨不得天天黏在一起，而結婚後雙方卻在家庭瑣事當中變得陌生？這個問題也可以用經濟學來解釋。人們追求愛情，是因為愛情可以給我們帶來效用，也就是精神和

生理方面的滿足感。但是這種效用會隨著時間的推移遞減，也就是「邊際效用遞減」。

　　熱戀中的情人如膠似漆，恨不得天天在一起，可是慢慢地，這種熱情就會減退，甚至婚後到了彼此厭煩的地步。邊際效用成了負數。這就是邊際效用遞減在作怪。

　　結婚之前，尤其是剛剛相愛的時候，兩個人都對對方不是很瞭解，所以倍感新鮮，相互之間有一種特別的吸引力，這時候迸發的愛情火花叫作迷戀，一方可以不停地想念對方，認為對方是近乎完美的。這個時候的愛情效用最大。可是隨著時間的推移，兩個人相互瞭解了，新鮮感也沒那麼強了，相互之間的吸引力也減弱了，甚至可能成為負數。

　　什麼是邊際效用，它是指每增加一個單位的產品或服務的消費所帶來的效用。其中，邊際是指最後的、新增加的；而效用則是指消費一種商品或服務所得到的主觀上的享受或實用性。例如，你吃一個蘋果，得到了味覺的感受，看一場電影，得到了精神上的享受。簡單地講，邊際效用就是最後增加的效用。

　　在愛情中，尤其是兩個人結婚之後，天天在一起，兩個人的神秘感蕩然無存，再加上自己的壞習慣、壞脾氣都暴露無遺，另一方不再容忍你的時候，兩個人的矛盾就會呈上升的趨勢，愛情的效用自然而然就遞減了。

　　邊際效用遞減的規律不僅表現在愛情和婚姻上，還無處不在地存在於我們的生活中。例如，開始進入一家公司，幹勁十足，可是隨著時間的推移，熱情大大減退，以至最後終於因為痛苦難耐而選擇跳槽；再例如，每一次孩子考了100分家長都要送一個禮物；開始的時候他會欣喜若狂，為了這個禮物而努力用功，可是後來他的熱情減退了，不再為那個禮物而努力用功了，於是，家長也陷入了困惑中。

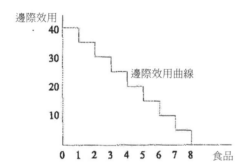

※ 邊際效用遞減規律

　　這些都是邊際效用遞減規律在產生作用，當一個人急需某個東西而後得到滿足時，他的心情是最暢快的，但是隨著這個東西的再次出現，他對這個東西的渴望值也會隨之減少，直至為零。所以，在生活或工作中，我們必須學會巧妙運用這個規律，例如，在家裡做菜，不能因為喜歡吃肉，就一天三餐都吃紅燒肉，這樣的吃法早晚會吃膩，倒不如換著花樣吃。孩子考試得了高分作為獎勵，不要每次都獎勵同樣的東西，否則孩子會失去新鮮感，就不會再努力了，想辦法換個花樣獎勵，效果會更好。

機會成本

　　春秋戰國時期，有一戶人家的女兒到了結婚的年齡，很多人上門來提親。某一天，有兩家男子同時來求婚，東家的男子雖然相貌醜陋，可是家裡非常富裕，嫁給這樣的人，一輩子不愁吃穿；西家的男子家裡很窮，可是相貌俊美、身材偉岸，要是嫁給這樣的人，一輩子就有眼福了。

　　這個女子的父母此時陷入了兩難的境地，不知道該如何抉擇，因為不管選擇誰都會有所缺失。於是父母便徵求女兒的意見。由於考慮到讓女兒說出嫁給誰，她可能因為害羞而難以啟齒，於是決定讓她用舉手來表示。舉左手表示願意嫁給東家，舉右手表示願意嫁給西家。結果女兒把兩隻手都舉了起來。父母感到很奇怪，便問其原因，女兒說：我想在東家吃飯，西家住宿。

　　面對有限的資源，我們必須做出選擇，有得必有失，所謂魚與熊掌不可兼得。上面提到的那個女孩選擇了東家就不能選擇西家，選擇了西家就不能選擇東家，所以她必須為她的選擇做出一定的犧牲。

　　亞當‧斯密曾經說過，國王會羨慕在路邊曬太陽的農夫，因為農夫有著國王永遠享受不到的自由與散漫。但是如果國王真的成了農夫，他就沒有了權勢和富貴，所以世上沒有十全十美的事情。你選擇了一種生活，必然就要放棄另外一種生活，那個被放棄的生活所為你帶來的感受其實就是機會成本。

　　機會成本指的是為了得到某種東西而必須放棄的另外一種東西，這個東西可能是金錢，也可能是享受，或者是感情、利益等等。上面的例子中，如果女孩選擇嫁給東家，那麼西家就是機會成本；反之，如果選擇了西家，那麼東家就是機會成本。

　　所以說，機會成本實際上就是你做出某種選擇時所放棄的另一種可能。例如，買了車就得放棄一些金錢，汽油、保險、保養等都要花錢，這些金錢就是你為了擁有車子而放棄的機會成本。如果不想花錢，也就是不想放棄這些機會成本，那就不能擁有車子。既想有車還不想花錢，也就是說只想享受還不想花錢，世界上哪有那麼好的事情？再例如，選擇了考研究所，就意味著就要放棄某些工作機會，放棄工作經驗和人脈資源的積累，放棄工作可能為帶來的利益和更大的發展前景。機會成本既可能是實實在在的有形的存在，也可能是一種潛在的收益。

　　很多時候，我們總會面臨各總抉擇，選擇一種東西或生活，就意味著放棄另外一種東西和生活，這就要求我們必須全面、認真地考慮機會成本，比較兩者的價值，或者比較兩者能給自己帶

來多大的利益，然後再做出選擇。

　　如果選擇創業，那就意味著要放棄一份穩定的工作和收入，這個時候，工作和收入就是創業的機會成本。必須想清楚創業的風險和收益，然後將其與穩定工作所帶來的收入進行比較，之後再做出決策。當然，比較、權衡的時候不能太久，因為時間也是一種機會成本。

　　正常來說，選擇越多，對個人越有利，例如，正在找工作的你收到了很多家公司的錄取通知。但因為機會成本的存在，導致人們在面對各種選擇時，反而容易煩惱。

KEYWORDS 89
沉沒成本

　　戀愛中的人總會遇到這樣一些難題：當自己還深深地愛著對方，對方卻已經打算離去；自己一直在為某個人瘋狂，可是對方卻絲毫不領情；戀愛了好久，卻發現對方背叛了自己。這個時候，該怎麼辦？

　　面對失戀的好友時，我們往往會這樣進行開導：「沒有誰能斷定只要戀愛就得結婚，　所以分手也很正常。不管你經歷和忍受了多麼大的痛苦和傷心，都要打起精神，因為生活還要繼續，與其糾結過去，不如擁抱明天，等待下一份更美好的愛情。」「既然過去已經無法挽留，倒不如坦然面對未來。」這的確是一種人生智慧——不堪回首的過去往往是痛苦的源泉，而光明的未來往往預示著憧憬中的幸福。

　　在經濟學家的眼中，那些不堪回首的過去，曾經經歷的痛苦，以及所有經濟或者情感上的付出，統統都是沉沒成本。因為你付出再多，也無法換回想要的結果。

沉沒成本是指由於過去的決策已經發生了，不能由現在或將來的任何決策改變的成本。人們在決定是否要去做一件事情的時候，不僅是看這件事對自己有沒有好處，而且也要看過去是不是已經在這件事情上有過投入。我們把這些已經發生不可收回的支出，如時間、金錢、精力等稱為沉沒成本。西方有句俗語，「別為打翻的牛奶哭泣」，其道理就是沉沒成本無法挽回。

諾貝爾經濟家獎得主斯蒂格利茨教授（Joseph Eugene Stiglitz，1943－）說，普通人常常不計算機會成本，而經濟家家則往往忽略沉沒成本。他在《經濟學》一書中這麼說：

「如果一項開支已經付出，並且不管做出何種選擇都不能收回，一個理性的人就會忽略它。這類支出稱為沉沒成本。」接著，他舉了一個例子：

假設現在你已經花了7美元買了電影票，你對這場電影是否值7美元表示懷疑，看了半小時之後，你的最壞的懷疑應驗了——看這樣的電影簡直是場災難——你應該離開電影院嗎？在做這個決策時，你應該忽視這7美元，這7美元是沉沒成本，不管是去、是留，這筆錢你都已經花掉了。

在戀愛中，當發現自己和對方不合適的時候，最好的做法是懸崖勒馬，不要太在乎付出的成本而患得患失。可是，現實生活中很多人做不到這一點，因為他們捨不得沉沒成本，不願意放棄已經沒有了希望的愛情，面對覆水難收的沉沒成本，或許只有學

會了鬆手，才能擁有新的收穫。

　　除了愛情，沉沒成本還廣泛存在於生活中，我們經常會遇到這樣的事情，在一個小餐廳等一碗拉麵等了半個小時還沒做好，在公車站等了二十分鐘公車還不來，在火車站排了一個多小時的隊買火車票，這些時間都是沉沒成本，而且無法挽回，這個時候，等得不耐煩了，想換個地方吃飯，想坐計程車回家，想改天再來買火車票，可是又想，都已經付出這麼多時間和精力了，還是繼續等吧，結果怎麼樣呢？很多人在煎熬中付出了更多的時間和精力，後悔當初沒有做出明智的其他選擇。所以，當我們遇到讓自己進退兩難的事情時，請保持理性，當斷則斷，不要猶豫，該放棄就放棄，不要捨不得那些沉沒成本，因為繼續可能會失去更多。

致富要講經濟學——
理財中的經濟學思維

產權

19世紀中葉，剛打完勝仗的普魯士國王威廉一世來到他位於波茨坦的一座行宮，他本來心情非常好，但在登高遠眺時，忽然心情就不好起來，因為他看到在他行宮前面孤獨地矗立著一座破爛不堪的磨坊。威廉一世讓侍從跟磨坊的主人交涉，讓他把磨坊拆了。雖然，磨坊的主人可以信口開價，但磨坊主人是個固執的人，無論威廉一世出多高的價錢，他死都不同意拆掉磨坊。

威廉一世暴跳如雷，命令一支軍隊來擔任拆遷大隊，把那個磨坊強行拆除了。磨坊主人非常生氣，一紙訴狀將威廉一世告上了法庭。法院經過審理裁定，威廉一世擅自利用王權強行拆除別人的磨坊，侵犯了人家的私有財產，要求威廉一世在原址重建一座同樣大小、模樣差不多的磨坊，而且還要賠償磨坊主人一些相關的損失。威廉一世不敢和法律抗爭，只好派人重新將磨坊修建起來。

這只是一個故事，其真實性有待查證。但是在英國，卻有一位首相也說過類似的話：「即使是最窮的人，在他的小屋裡也敢於對抗國王的權威。屋子可能很破舊，屋頂可能搖搖欲墜；風

可以吹進房子裡；雨可以打進房子內，但是國王絕不能踏進這所
房子，他的千軍萬馬也不能跨過這間破房子的門檻。」這位首相
的名字叫威廉‧皮特，這句話被濃縮成一句被廣為引用的名言：
「風能進，雨能進，國王不能進。」

　　上述故事和威廉‧皮特的名言，都是用來形容財產權對於窮
苦人家的重要性和神聖性。財產權簡稱產權，不同的經濟學派對
其有不同的定義方式 其中為多數理論學派所接受的定義是這樣
的：產權指的不是人和物的關係，而是指物的存在，以及關於它
們的使用所引起的人們之間相互認可的一種行為關係。

　　這個定義看起來很令人費解，但我們舉個例子就能說明。假
設小白現在有一間房子，他把這間房子租給小黃，每年向小黃收
取6萬元租金。小白擁有這套房子的完整產權，具體來說就是：
首先，小白對房子有佔有權，別人不能佔有他的房子，這個佔有
權是具有排他性的；其次，小白對房子有使用權，他可以自己住
也可以選擇租出去，決定權屬於他；再其次，小白對房子還有處
置權，他可以把房子拆了或者賣了；最後，小白對房子還有收益
權，例如，收取小黃的房租，就是房屋產權的收益。

　　明確產權可以讓資源得到有效的保護和利用。對此，中國經
濟學家張維迎講了下面這個故事：

　　我在農村的時候，我們生產隊種的樹經常是長不大的，為
什麼呢？有人偷偷把它砍了，或者有人放羊把樹給啃了。生產

隊的負責人就商量說，這樣不行，集體種樹不行，那麼就應該分給個人。可是第一天把樹分給個人，第二天就發現很多小樹都被砍了。生產隊的主管又說，這樣不行，趕快趁著還沒砍完之前收回來。然後就收起來了。可是過了幾年又發現，公家的樹沒人愛護，於是又分下去，結果又被老百姓砍了，只好又收回去。你可能會問，老百姓為什麼要砍這些樹？因為他們預期不砍的話，政府會收回去，結果真的收回去了。政府的行為兌現了村民的預期，所以砍了收、收了砍，小樹永遠也長不大。

在這個故事中，張維迎闡述了建立市場經濟秩序的幾個重要因素：產權、預期和信譽。如何解決上述的矛盾呢？張維迎說：「最好的辦法是什麼呢？你要砍就去砍，只要不收這些樹，過幾年砍樹的人就會後悔，沒砍樹的人就佔了便宜。這樣，大家就會覺得樹真的是屬於個人的，不會被收走，大家就會都開始種樹，樹就會長成森林。」

孟子在《梁惠王上》中提到：「無恒產而有恒心者，惟士為能。若民，則無恒產，因無恒心。苟無恒心，放辟邪侈，無不為己。」有恆產者有恒心，民無恒產，無恒心。商鞅曾以野兔被捉前後的區分為例，來闡述產權明晰可以產生「定分止爭」的重要作用：「一兔走，百人逐之，非一兔足為百人分也，由名之未定也。夫賣兔者滿市，而盜不敢取，由名分已定也。」這就是人性，也是被社會大眾所認知的真理，所以要重視公民私有財產權利的保護。

　　如果不保護產權，人們就沒有創造財富的積極性，因為所擁有的財富不屬於自己。如果產權得不到保護，那麼也就沒有理財的基礎，因為沒有可「理」的對象。所以，對於國家來說，要充分保障私有產權，才能激發老百姓創造財富的積極性。

資金時間價值

　　傳說西塔發明了國際象棋，國王十分高興，決定要重賞西塔。西塔說：「陛下，我不要你的重賞，只要你在我的棋盤上賞一些麥子就行了。在棋盤的第一個格子裡放1粒，在第二個格子裡放2粒，在第三個格子裡放4粒，依此類推，以後每一個格子裡放的麥粒數都是前一個格子裡放的麥粒數的2倍，直到放滿第六十四個格子。」區區小數，幾粒麥子，這有何困難。於是，國王命人如數付給了西塔。

　　計算麥粒的工作開始了。第一格內放1粒，第二格內放2粒，第三格內放4粒，還沒到第二十格，一袋麥子已經空了，緊接著，一袋又一袋的麥子被扛到國王面前，但是，麥粒數一格接一格地飛速增長著，很快，國王就看出來了，即便拿出全國的糧食，也兌現不了他對西塔的諾言。原來，要按照西格的方法放滿，總共需要的麥粒是：18446744073709551615粒。

　　這些麥子究竟有多少呢？打個比方，如果造一個倉庫來放這些麥子，倉庫高4公尺，寬10公尺，那麼倉庫排起來的長度就等於地球到太陽距離的2倍，而要生產這麼多的麥子，全世界加起來總共需要2000年。

與上述傳說相類似的還有一個關於阿凡提的故事。阿凡提去吝嗇的大巴老爺家做工，阿凡提說：「我的薪水第一天要1粒米，第二天2粒米，第三天4粒米，第四天8粒米⋯⋯.」按此演算法的話，大巴老爺很快就會破產。

上面兩個故事所闡述的原理和我們日常生活中的利滾利是同樣的道理。假設你借了1萬元的高利貸，年利息是30%，那麼5年後你欠的錢就是3.7萬元了，10年後就會變成13.7萬元⋯⋯這就是利滾利的可怕之處。

老百姓口頭上所說的利滾利，在經濟學上有一個專門術語，叫「複利」。為什麼要有利息呢？是因為資金是有時間價值的。資金的時間價值就是資金在流通過程中，隨著時間的變化而產生的增值。從投資者的角度來看，資金的增值特性使資金具有時間價值。就好比我們把錢存進銀行，過一段時間再去領錢，銀行會把本金和利息一起給你。這就是最簡單的理財方法。

致富並沒有太多秘訣，首先你要懂得積累財富；其次就是要學會利用積累的財富生出更多的財富。積累財富的道理誰都懂，那麼，怎樣錢滾錢？這就是關鍵。

所謂的「積少成多，積水成淵」，對於財富，同樣如此。然而，積累起來的錢財，都是死的，怎樣讓財富活起來？成為源源不斷的財富，需要一定的管理頭腦。學會理財的第一步，先要積

累財富，其次就是管理財富，最後才是運用財富，達到錢滾錢，利滾利的目標。

很多人抱怨自己理財水準有限，這源自於他們內心深處存在著「一夜暴富」的僥倖心理。如果抱著這樣的心理去理財，就會失去平常心，財富會離你越來越遠。

理財從來就是不能急躁的事情，我們要相信，君子致富，十年不晚！

上海商業儲蓄銀行成立之初，啟動資金只有十萬元，是當時上海最小的私人銀行，是浙江紹興銀行的七分之一。規模小，資金少，很多人並不看好他。但是銀行創始人陳光甫顯然沒有把這些嘲笑和非議看在眼裡，而是本著小銀行雖然資金少，但可以以服務取勝的想法，發展一些別的銀行並不重視的小商家和百姓做客戶，廣泛吸納資金，並且不厭其煩地派員工走到各個人流較多的場合去發展客戶，同時採取「一元開戶」這種前衛的方式來吸引存款戶。七年之後，上海商業儲蓄銀行的存款額已經是原來啟動資金的130多倍。

陳光甫的成功，實際上就是資金時間價值的有效應用。只要每天增值一點點，時間久了，就能積累起大額財富。

KEYWORDS 92 | KEYWORDS 93
儲蓄 | 消費

　　如果你有幸到哈佛上一堂經濟學的課程，你將會聽到下面兩句警告：第一，花錢要區分投資行為和消費行為；第二，每個月先儲蓄百分之三十的薪資，剩下的才拿來進行消費。這兩句警告包含了三個核心關鍵詞：投資、消費、儲蓄。俗話說得好，「你不理財，財不理你」。要想致富必須學會理財。哈佛告訴我們的理財方法，概括起來就是：第一，先儲蓄後消費；第二，將儲蓄轉化為投資，賺更多的錢。

　　股神巴菲特為什麼能成為超級富翁，他的理財觀念是什麼？答案也是「先儲蓄，後消費」。巴菲特在書中提到，他6歲開始就懂得積累財富，每個月會為自己存30元，每個月都這麼堅持。於是，在他13歲的時候，有了3,000元的存款。聰明的他沒有用這些錢來買玩具，而是買了一檔股票，由此，他不僅積累了財富，也開始積累股票知識，日復一日，年復一年，他一直在堅持，於是在他85歲時成了美國首富。這並不是一個奇蹟，因為他遵循了「先儲蓄，後消費」的理財觀念。

「先儲蓄，後消費」的理念中還包含著一個重要的哲學思想——量變與質變。或許30元並不能做什麼大事，但很多個30元累積起來，就可以買一檔股票，我們每天都在努力工作創造財富，年年歲歲，歲歲年年，為什麼我們還是一無所有？有很多人在三、四十歲還買不起房子，買不起一輛滿意的小轎車，為什麼呢？不是他們不夠努力，是他們不懂得儲蓄。他們總是這個月為上個月的借款而努力，因此，戶頭永遠是負數。

　　很多人應該都做過這樣的假設，假設每個月少出去吃一頓飯，在戶頭存入200元，一年後就有2400元的儲蓄了。有的人在第一、兩個月還能這樣做，有的人大概堅持了半年，這已經是很不錯的毅力了。如果他能再堅持一段時間，那麼，他戶頭上的錢就會逐年增加，就可以有閒散資金用來買股票，或者做其他的投資，最終走上錢滾錢的富足之路。理財的終極方式就是錢滾錢，但前提是戶頭上至少要儲蓄一定的活用資金。放眼未來，養成「先儲蓄，後消費」的好習慣，用一種發展和長遠的眼光來看待財富，理性且合理的進行消費，才能在理財道路上越走越遠，越走越寬敞。

　　儲蓄與消費永遠都是對立的，在收入不變的前提下，儲蓄多了，消費必然就少了。消費只能是把你口袋的錢變成別人口袋裡的錢。理性的人一定要學會儲蓄，然後用儲蓄的錢拿去做一些投資，把別人口袋的錢變成自己口袋裡的錢。

　　成功的人都是善於積累、管理、維護和創造財富的。巨富比爾‧蓋茲如此，股神巴菲特如此，蘋果創辦人賈伯斯也是如此。

他們的投資領域包括IT產業、電腦產業、股票投資、基金、證券、各種專案的投資等。所不同的是，作為有錢人，他們比大多數人更懂得理財的方法和手段，並且能有效地運用，達到遊刃有餘的地步。

談到儲蓄和消費，不得不提的一個概念就是提前消費。例如，消費者只有兩千元的收入，卻一定要打腫臉充胖子，買LV的包包提高身價，噴法國香水提升魅力，這顯然是不切實際的。但是為了促進消費，資本家們千方百計想要賺消費者的錢，怎麼辦呢？消費者沒錢了總不能送錢給消費者吧？不能送，那就借吧！正是由於供需關係的不平衡，貸款、信用卡這樣的提前消費形式才應運而生。於是，作為消費者，我們高高興興地由別人「買單」抱回了一大堆自己夢寐以求的商品。其實我們都上了資本家的當了。有句網路流行語叫「出來混，早晚都是要還的。」

有人說，我先賺後用和先用後賺不是一樣的嗎？只要我能控制好就可以了，每月固定還清信用卡或者是貸款就行了。千萬不要忽略這個先後順序的問題，不要因為一時的衝動而選擇提前消費，在消費之前一定要對自己的財務狀況進行一個理性的分析，為自己的財務收支做一個詳細的計畫。否則，一旦破壞了理性消費的規律，被捲入提前消費的浪潮之中就很難脫身。相信沒有人願意成為整天為了房貸而憂慮萬分的房奴吧？那麼請從這一刻開始做好理財計畫、儲蓄財富。

風險

　　我們應該都知道，朱元璋的北伐戰爭是他統一天下的關鍵。那時候，朱元璋依靠自己的軍事天賦，在戰爭中戰無不勝、形勢大好。在他的將領們看來，攻破元朝首都可謂輕而易舉。然而，一生信奉穩紮穩打的朱元璋卻從來沒有輕敵的心思，仍然對戰事進行了冷靜的分析和周密的部署，力求做到運籌帷幄、決勝千里。

　　在他的部下提議說，要一舉進攻元朝首都，奪取最後勝利的時候。朱元璋並沒有被勝利沖昏頭，而是深入地分析了當時的形勢，他指出元朝建都百年之久，守城一定非常堅固，如果輕易帶軍深入，一旦被困在城下，那麼，戰爭就不可能取得勝利了。因此，他力排眾議，制定出先取山東，撤掉元都的屏障，後攻河南，斷其羽翼的精密部署，一步步將元朝孤立起來，最終取得了關鍵性的勝利。正是由於朱元璋對於戰爭從來不抱有任何僥倖的心理，穩紮穩打，才讓他戰無不勝，最後坐上皇帝寶座。

　　朱元璋選擇穩中求勝的策略，實際上是要盡可能地規避風險，所謂「風險」，是指在某一特定環境下，在某一特定時間內，某種損失發生的可能性。我們經常能聽到這樣一句話，「投資有風險，請謹慎理財」。

在投資領域，風險往往是與收益相對等的。換言之，如果你想獲得高收益，那麼就必須承受高風險。如果你想降低風險，那也就不太能夠指望獲得高收益。例如，買彩券，雖然可能的收益很高，但風險也很大，因為中獎機率太低。反之如儲蓄，雖然幾乎沒有風險，但收益也比較低，只有利息收入。

經濟學家們根據人們對待風險的態度，將其分為風險迴避者、風險追求者和風險中立者。顧名思義，風險迴避者比較厭惡風險，他們傾向於低風險，低收益的理財模式；風險追求者則願意承受高風險，以換取高收益。現實生活中，大部分的人都是風險迴避者，所以傾向於採用儲蓄、購買基金等風險較低的理財方式。

對於風險偏好的測量，是一件非常複雜的事情。對此，經濟學家們想出了各種各樣的辦法，例如下面的兩組實驗：

實驗一：在A、B兩個選項中做出選擇。

A.確定贏得1,000元；

B.50比50的機會，贏了得到3,000元，輸了得到0元。

實驗二：在A、B兩個選項中做出選擇。

A.確定虧損1,000元；

B.50比50的機會，輸了虧損3,000元，贏了虧損0元。

實驗結果顯示，在實驗一中，多數人選擇A，即在確定性贏利與不確定性贏利之間，偏好確定性贏利的選項；在實驗二中，

多數人選擇B，即在確定性虧損與不確定性虧損之間，偏好不確定性虧損。

這兩組實驗最早是由大名鼎鼎的行為經濟學家丹尼爾‧卡尼曼(Daniel Kahneman，1934—)和心理學家阿莫斯‧特沃斯基（Amos Tversky，1937—1996)主持的，後來，不斷有別的心理學家和行為經濟學家重複完成與此類似的實驗，均得到相同的實驗結果。這兩組實驗揭示了人們風險偏好的規律，在贏利情況下，人們厭惡風險；在虧損的情況下，人們喜好風險。

此外，對於風險的態度及與資金來源、投資規模等因素有關。例如，如果是用自有資金投資，相比於借款投資的人，風險承受能力要更高一點。再例如，如果投資規模越大，相比於小規模投資，風險承受能力要更低一些。

沒有任何事是無風險的，所以，穩中求勝是最妥當的做法。當然，穩中求勝不是要完全保守，死守著辛苦累積的錢財，瞻前顧後、不敢投資。穩中求勝的關鍵是在投資之前，制定好周密的計畫，仔細為自己算好每一筆帳，充分考慮好投入、產出、風險、回報率等因素。千萬不要盲目相信運氣，憑感覺行事，而是要相信數據、相信科學的分析方法。

在制定投資理財計畫的時候，有一條不可忽視的金玉良言，那就是「不把雞蛋放在同一個籃子裡」，實際上這就是教我們，一定要記得分散風險。

KEYWORDS 95
投資組合

　　宋真宗在位的時候，北邊的契丹人進行了一次大規模的入
侵。當時宋地各處危機四伏，宋朝上下人心惶惶。真宗慌忙召
集臣子們商量對策、阻止侵略。大臣們商量許久，最後王欽若
說：「契丹兵強力勝、實力雄厚，目前最好不與他們發生正面衝
突，不如先向他們求和，獻上金銀珠寶和美女，契丹人也就退兵
了。」

　　聽到這裡，宰相寇准十分反對，說：「還沒有開始打仗，就
說這些喪氣話怎麼行？」於是提出了讓宋真宗御駕親征的建議，
一來可以鼓舞士氣，二來可以壓制契丹人的銳氣，認為這樣一定
可以取得戰爭勝利。宋真宗也認為不能丟了宋朝的威風，長了契
丹人的氣焰，於是採納了寇准的建議。

　　王欽若對於這次戰事始終擔憂，因為強大的契丹人來勢兇
猛，皇上御駕親征要冒很大的危險，一旦失利，很有可能宋朝會
一蹶不振，失去半壁江山。幸好這次戰事因宋朝的強盛軍力最終
獲得成功，保全了宋朝的威望。

　　這就是歷史上有名的澶淵之戰。事後，在一次陪皇上賭博

的過程中，王欽若說出了自己對於此戰的擔憂，他比喻說：「賭博的時候，最危險的行為就是一次把所有的賭注全部押上，這樣可能很快就會輸得精光，當寇准建議您御駕親征的時候，分明就是將皇上作為全部賭注，一次押上，絲毫沒有顧及皇上的安危啊！」宋真宗聽後，勃然大怒，不久之後，借機就把寇准貶到陝州當了知府。

在這個故事中，寇准看起來是冤枉的，既然戰爭都勝利了，怎麼還會被貶呢？實際上，寇准錯就錯在孤注一擲，把所有的本錢都押上去，贏了自然是好，可是他卻沒有想到退路。押上所有兵力、財力甚至人力去對付契丹，如果戰爭輸了怎麼辦？這和投資其實是一樣的道理，花所有的錢來買股票或者基金，贏了還好，要是輸了呢？血本無歸，恐怕連活下去都難了。

所以，真正聰明的投資者都會使用投資組合來分散投資風險。這和「不把所有雞蛋放在一個籃子裡」是同樣的道理。例如，比爾‧蓋茲不僅做IT產業，還有基金和股票；巴菲特不是只買股票，還同時涉及多個領域的投資。所以，作為一個理性的投資人，不斷開拓值得投資的領域和市場是關鍵。一個人要想贏得更多的財富，就應該不斷開拓自己的財路，只有路子越走越多，才能越來越富有。

投資組合是由投資人或金融機構所持有的股票、債券、衍生性金融產品等組成的。從理論上講，組合中資產的數量越多，分

散風險的效果越好，要想規劃好投資組合，必須首先清楚各種資產的風險和收益特徵。例如，儲蓄是最傳統的理財工具，它的特色就是安全。一般人都需要保持一定的儲蓄資金來保證自己的資產狀況穩定，基金是另一種相對安全的投資方式。如果既沒有時間，也沒有專業知識，這樣的理財手段還是可以嘗試的。股票的特色則是收益率較高，相對的，它的風險也較高。另外，還有保險，如果想要減少投資風險，就一定要注意對保險的投資。很多人還沒有樹立正確的保險觀念，認為不應該為還沒有發生的事情去掏錢，這種人一定要多去瞭解保險知識，才能為自己的理財做好規畫。

投資好比戰爭，不到戰爭結束，是贏是輸，誰都不知道結果，這就是為什麼每一次戰爭都要經過精密部署，仔細研究戰略，理性思考，合理分配軍事資源，考慮各種戰事的可能性。投資也是一樣，最忌諱的就是孤注一擲。當積累了一定的資本以後，最要記住的就是合理分配資源，把有限的資本投入到風險不同的地方，這樣不但可以分散風險，將風險規避到最低。例如，你的薪資要分配出生活費用、固定儲蓄，然後才去考慮基金、股票、保險、債券等投資產品。在這些產品中，最好不要只選擇一種，因為這些投資都有著大大小小的風險。總之，在投資之前，應該對自己的經濟狀況，市場上各種理財產品，做一個詳細的瞭解和分析，最終確定最適合自己的投資組合。

套利

　　1823年，平遙人雷履泰開辦「日昇昌」票號，創建了異地匯兌，取代實行了幾千年的銀行結算方式，以「貨通天下」為基礎實現了「匯通天下」。

　　票號行業作為一個新型行業，在當時既沒有現成的規制，也沒有成熟的模式。雷履泰作為第一個敢做第一的人，必須在實踐中摸索和創造。清代流行的貨幣有銀兩和銅錢，但是各地銀兩和銅錢的成色不一，分量不一，在日昇昌營業期間，南京的頊化銀含銀量達97.3％，而上海的豆規銀含銀量只有73％，於是，在南京票號存100兩銀子，到上海兌現就可能要支付110兩。而這一兌現標準，必須兼顧客戶的滿意程度和票號的贏利比例，關鍵在於公正與利潤兼顧。

　　票號既然專門做匯兌生意，就必煩要在公平上做足功夫，不然就沒有客戶上門，同時又要保證自己的賺頭，不然鋪子就得倒閉。這就需要一個統一的匯率標準，用不同匯率來保證各地銀兩成色的平均，即「平色」。平色兌現後給票號留下的賺頭，叫「餘利」。雷履泰的一大貢獻，就是確立了當時「平色餘利」的恰當標準，在後來日昇昌的發展中，僅僅「平色餘利」就一度占

到票號總盈利的四分之一。

日昇昌的上述做法，用今天的術語來表示，就是套利。很多沒學過金融的人，覺得套利一詞很了不起，實際上，套利的定義和邏輯是非常簡單的。套利也叫作價差交易，簡單地說，就是利用交易品種在不同市場的時間差和價格差，低買高賣，在不同的市場反覆交易以獲得利潤。

套利其實就是利用兩個市場的價差，做無風險的買賣。例如，香港市場美元對人民幣是1:6.4，倫敦市場是1:6.5，此時可以在香港市場買入美元，在倫敦市場再賣出，賺這0.1的價差，這個交易是無風險的。

再例如，在紐約和倫敦市場上同時交易的某檔股票，假定在紐約市場上該股票的價格為172美元，而在倫敦市場上該股票的價格為100英鎊，當時的匯率為1英鎊兌換1.75美元。此時，套利者可在紐約市場上購買100股該種股票，同時在倫敦市場上將它們賣出，在不考慮交易成本的情況下，就可以獲得無風險收益。無風險收益＝100x（1.75美元x100—172美元）＝300美元。

要說明的是，套利機會不可能長期存在。隨著套利者在紐約市場買入股票，供需關係將會使股票的美元價格上揚。與此類似，隨著他們在倫敦市場上拋售股票，股票的英鎊價格就會下降，很快就會使這兩個價格在當時的匯率情況下達到均衡。

很多人都有信用卡，卻只知道用信用卡消費，而不知道信用卡還存在巨大的套利空間，在P2P平台早期發展的過程中，是可以直接用信用卡進行投資的（現在已經禁止了），這裡面就存在著巨大的套利價差。利用信用卡貸款的免息分期來進行投資套利。

KEYWORDS 97

對沖

　　克勞格斯擁有化學學士學位，畢業後進入一家名為羅門哈斯
的化學公司，從工作的第一天起就開始投資，他將收入的三分之
二用於投資，三分之一用於維持生活。工作兩年後，克勞格斯考
上了哈佛商學院的MBA，畢業後又回到了原公司任職，跟絕大多
數人一樣，最支持自己的永遠是自己的家人，他曾經有一段時間
損失了很多資金，所以不得不向母親借錢來追加保證金。

　　1987年，克勞格斯為公司工作了15年後，才第一次發現在股
市上賺到的錢超過了工作的薪酬。從那之後，他每年在股市賺到
的錢都超過了薪水。1990年，靠著自己、朋友和家裡籌來的300萬
美元，克勞格斯創辦了一隻對沖基金，不過一年後就關閉了。之
後，克勞格斯又回到了老東家，擔任亞洲區經理，不過期間不幸
患上了憂鬱症。1993 年，克勞格斯重新成立了新的對沖基金，終
於找回自信，連續9年實現了17%的平均年收益率，資金管理規模
達到50億美元。

　　過去的幾十年裡，對沖基金作為一種投資工具，越來越受到
人們的歡迎，獲得了爆炸性的增長。簡單來說，對沖基金就是風

險對沖過的基金。對沖的原理在於，假如A中含有我們不想要的風險，可以通過B來對沖掉它，從而安心獲得穩定的收益。例如，人們都愛美食，但美食中含有很多卡路里，會讓人長胖。而跑步可以消耗卡路里，達到減肥效果，這樣就能放心享受美味了。在這個例子中，長胖是風險，美食是收益，跑步就是對沖工具。

　　大家常見的保險，實際上就是一種非常好的對沖工具。假設某公司運輸一車貨物從A地到B地，運輸完成後可以獲利1萬元。但途中可能出現某種意外，導致不能送達，所以公司購買了某保險公司的險種，花10元購買保險，保1000倍。此時，如果運輸完成，則獲利9,990元（1萬元收入減去10元保費）；如果運輸失敗，同樣可以獲得9,990元（1萬元保險收入減去10元保費）。這樣一來，該公司就成功規避了運輸失敗的風險，達到了穩定收益的目標。

　　風險對沖是通過對沖交易來實現的。對沖交易是指同時進行兩筆行情相關、方向相反、數量相當、盈虧相抵的交易。行情相關是指影響兩種商品價格行情的市場供需關係存在同一性；供需關係若發生變化，同時會影響兩種商品的價格，且價格變化的方向大體一致。方向相反指兩筆交易的買賣方向相反，這樣無論價格向什麼方向變化，總是一盈、一虧。當然要做到盈虧相抵，兩筆交易的數量大小必須根據各自價格變動的幅度來確定，大致做到數量相當。

　　市場經濟中，對沖交易的範圍很廣泛，例如，外匯對沖、期

權對沖，但最適宜的還是期貨的對沖交易。首先，期貨交易採用
保證金制度，同樣規模的交易，只需投入較少的資金，這樣同時
做兩筆交易的成本增加不多。其次，期貨可以買空賣空，完成交
易的條件比較靈活。所以，對沖交易在期貨這種金融衍生性工具
誕生以後，才得以較快地發展起來。

　　對沖交易的基本策略是：首先，通過精選股票組成一個能
戰勝市場的股票組合；其次，通過做空股指期貨，在對沖風險的
前提下獲得收益。當市場上漲時，股票組合盈利，而股指期貨虧
損，因為在模型選股之下，股票組合能戰勝市場。所以，股票盈
利多於期貨虧損，最終是獲利的；當市場下跌時，因為股票組合
能夠戰勝市場，股票現貨的虧損要小於股指期貨的盈利，最終仍
然盈利。無論市場如何，該股票組合都能獲取絕對收益。

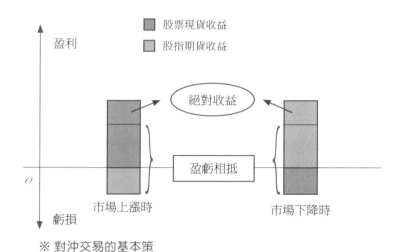

※ 對沖交易的基本策

KEYWORDS *98*
理性預期

　　美國心理學家羅森塔爾等人，在1968年做過一個著名的實驗。他們到一所小學，在一至六年級各選三個班的兒童進行煞有其事的「預測未來發展的測驗」。然後實驗者將認為有「優異發展可能」的學生名單通知教師。其實，這個名單並不是根據測驗結果確定的，而是隨機抽取的。它是以「權威性的謊言」暗示教師，從而引發了教師對名單上學生的某種期待心理。8個月後，再次智力測驗的結果發現，名單上學生的成績普遍提高，教師也給了他們良好的評語。這個實驗取得了奇蹟般的效果，人們把這種通過教師對學生心理的潛移默化的影響，從而使學生取得教師所期望的進步現象，稱為「羅森塔爾效應」。

　　羅森塔爾效應又名皮格馬利翁效應。皮格馬利翁是古希臘神話中塞普勒斯的國王，善於雕刻。他不喜歡塞普勒斯的凡間女子，決定永不結婚，於是他用神奇的技藝雕刻了一尊美麗的象牙少女像，並把自己全部的精力、熱情和愛戀都傾注在這尊少女像上面，每天就像對待自己的戀人那樣地親吻她、愛撫她，為她取名為「加拉泰亞」，向愛神乞求讓她做自己的妻子。他的癡迷和真誠終於打動了愛神維納斯，於是愛神就賦予了這尊雕像以生

命，讓他們終成眷屬。皮格馬利翁的故事是心理預期自我實現的
最高境界，在現實世界中不可能發生，但卻充分表明了預期對人
的行為的影響力是無窮的。

在西方經濟學中，對預期的關注由來已久，最先在專著中
論述預期的是凱恩斯，但是凱恩斯學派關於預期的論述是零散
的，沒有形成系統的理論。基本上，凱恩斯的預期觀是非理性
的預期觀。此後經濟學家約翰‧穆斯（John Fraser Muth，1930－
2005）、羅伯特‧盧卡斯（Robert E.Lucas Jr. 1937—)等人，分別
對預期進行了開創性的研究，最終形成了以盧卡斯為首的理性預
期學派。

經濟學家們所理解的預期是指對於不確定因素（如未來利
率、價格或稅率）的看法或意見。如果預期沒有系統性錯誤（或
偏差），並應用了所有可能獲得的資訊，則稱為理性預期。理性
預期是指經濟當事人為避免損失和謀取最大利益，會設法利用一
切可以取得的資訊，針對所關心的經濟變動，在未來的變動狀況
做出盡可能準確的估計。

理性預期可以用於分析很多經濟現象，例如，在完全競爭
的市場條件下，如果人們普遍預期一年後的價格將高於現在的
價格，就會在出售和購買商品時，將預期價格上漲的因素考慮進
去，從而引起現行價格水準提高，直到其達到預期價格以上。這
種在市場預期心理作用下發生的通貨膨脹就被稱為「預期的通貨

膨脹」。

　　理性預期對於理財也有著非常重要的影響，例如，如果大多數人都預期房價將上漲，那麼就會出現搶購房屋的情況；再例如炒作股票，一般來說，有利多的消息，股票價格會上漲，有利空的消息，股票價格會下跌。然而，在消息出來之前，大家會猜測消息的好壞，並據此對股票價格形成預期。當大多數的人預期趨於一致的時候，股票價格會根據這種預期而先行做出走勢，如果消息出來的結果和人們先前的猜測相反，會有兩種情況發生：一種是股票根據消息的好壞立即做出漲跌反應，這是常態；另一種情況就是股票價格無視市場客觀情況，仍然按照預期繼續走下去，成為主導股票價格的決定力量。

　　在購買理財產品的過程中，人們最為關注的恐怕就是預期收益率了。什麼是預期年化收益率呢？它與實際到期收益率相同嗎？預期年化收益率是指投資者購買理財產品持有並到期之後，預期可以實現的投資年化收益率。預期收益率並不等於實際到期收益率，但目前絕大部分的理財產品到期後都可以實現預期收益率。這就是我們經常能夠聽到的剛性兌付——必須兌付給投資者本金和收益。

KEYWORDS 99　KEYWORDS 100
短期投資　　長期投資

　　說起投資理財，歷史上最成功的人物要算是「股神」巴菲特了。這位曾經的世界首富，在其40多年的投資生涯中，將一個搖搖欲墜的紡織企業轉變成了一家擁有73家控股公司、總資產達1,650億美元的投資公司。同時也使自己成為全球最富有的人之一。舉個例子，如果你在1965年投資1,000美元給巴菲特的公司，現在這筆錢已經升值到550萬美元了。

　　在巴菲特的投資策略中，有兩條是公認的投資理財精髓。

　　第一、高舉價值投資大旗，摒棄定量分析。巴菲特的代言人羅伯特‧邁斯曾經對記者表示：「巴菲特以最簡單的經濟理論，實現了最偉大的經濟實踐。他的辦公室裡沒有電腦，也沒有計算機，甚至沒有股價即時資訊，他對那種重計算、輕基本面的定量分析方法不屑一顧。」巴菲特堅持認為，數字分析不能替代公司研究，他更關注公司的基本面。他對那些財務報表晦澀難懂的公司更是敬而遠之，認為這樣的企業不具有投資價值。

　　第二、堅持長線投資，不關心股價的起落。巴菲特成功的最

主要因素是，他不「炒作」股票，即不做短期投資者或投機者。在2006年的「致股東函」中，巴菲特將自己的股票投資特色總結為「買進並持有」。巴菲特對所謂的熱門股票不感興趣，更不會因為一個公司的股票在短期內會大漲就去跟進，他青睞那些價值被市場低估的公司。1989年，巴菲特認為可口可樂公司的股票價格被低估，因此，他將伯克希爾公司25%的資金投入可口可樂股票中，並從那時起一直持有至今，該項投資從最初的10億美元已經飆升到今天的80億美元。

在漫長的投資歷史中，既有像巴菲特這樣秉持價值投資的長線投資者，也不乏膽識過人的短線投資者，例如，索羅斯就憑借自己精準的短線操作手法，多次獲利頗豐。有人曾經這樣評價，如果說巴菲特是中長線操作之神，那麼索羅斯就是當之無愧的短線操作之王。

其實，所謂的長線和短線只是一個相對的概念。一般而言，短線通常是指在一個星期或兩個星期之內，投資者只想賺取短期差價收益，而不去關注股票的基本情況，主要依據技術圖表分析。一般的投資者做短線通常都是以兩、三天為限，一旦沒有差價可賺，或者股價下跌，就會一走了之，再去買其他股票做短線。長線往往是指一年以上，投資者對某檔股票的未來發展前景看好，不在乎股價一時的漲跌，在該檔股票的股價進入歷史相對低位時買入股票，做長期投資的準備。

　　長線和短線只是人們的一種習慣性叫法，它們之間並沒有明確的分界點。短線有短線的優劣，長線也有長線的好壞。一般認為，短線的交易成本高，但可能的損失有限，心理負擔小；而長線的交易成本低，做錯了代價大，心理上長期處於緊張之中，更容易犯錯。

　　那麼，作為普通投資者，我們究竟應該進行短線還是長線投資呢？答案或許就蘊藏在下面這個統計結果中：青睞短線的投資者數量遠遠高於從事長線的投資者數量，但在成功的投資者群體中，長線的比例又遠遠高於短線。

國家圖書館出版品預行編目（CIP）資料

100個經濟學名詞 / 聶小晴作. -- 初版. -- 臺北市 : 信實
文化行銷, 2017.07

　面；　公分

ISBN 978-986-5767-81-5(平裝)

1.經濟學 2.關鍵詞

　550.4　　　　　　　　　　　106009820

更多書籍介紹、活動訊息，請上網搜尋　拾筆客　Q

What's Invest
經濟100關鍵詞

作　　　者：聶小晴
封 面 設 計：黃聖文
總　編　輯：許汝紘
美 術 編 輯：陳芷柔
編　　　輯：孫中文
行　　　銷：郭廷溢
發　　　行：許麗雪
總　　　監：黃可家
出　　　版：信實文化行銷有限公司
地　　　址：台北市松山區南京東路5段64號8樓之1
電　　　話：（02）2749-1282
傳　　　真：（02）3393-0564
網　　　站：www.cultuspeak.com
讀 者 信 箱：service@cultuspeak.com

印　　　刷：上海印刷廠股份有限公司
總 經 銷：聯合發行股份有限公司
香港總經銷：聯合出版有限公司

本書原出版者為：清華大學出版社。中文簡體原書名為：《100个关键词读懂经济学》
版權代理：中圖公司版權部。本書由清華大學出版社授權信實文化行銷有限公司在台灣
地區獨家出版發行。

2017年7月　初版
定價：新台幣 360 元